Phyllis Thompson
Der Abenteurer Gottes

INHALTSVERZEICHNIS

1. Die letzte Silbermünze

Es war Sonntagabend, kurz nach zehn Uhr. In dem kleinen Zimmer des neunzehnjährigen Hudson Taylor brannte noch Licht. Plötzlich klopfte es. Wer mochte das sein? Um diese Zeit? Vor der Tür stand ein zerlumpter Mann, ungefähr dreißig Jahre alt. Hudson hatte den Fremden vorher noch nie gesehen. »Bitte, was wollen Sie von mir?« Stockend bat ihn der Fremde, mit ihm zu kommen und für »die Seele seiner sterbenden Frau« zu beten. Da war er bei Hudson an der richtigen Adresse. Sofort sagte er zu, zog sich schnell den Mantel an, nahm den Hut, und schon war er bereit mitzugehen.

Es war eine dunkle Nacht. Schweigend gingen die beiden Männer eine Weile nebeneinander her. Die Straßen, durch die ihn der Fremde führte, wurden immer enger und unheimlicher. Das trübe Licht der Straßenlaternen ließ die argwöhnisch um sich blickenden Gestalten, die hier und da herumschlichen, gespenstisch erscheinen. Hudson wurde es unbehaglich. War es eigentlich richtig, mit einem wildfremden Mann bei stockdunkler Nacht in diese Gegend zu gehen? Aber – so sagte er sich – schließlich wollte er ja als Missionar nach China auswandern, und deshalb schadete es nichts, sich jetzt schon auf manches Ungewohnte einzustellen. Trotzdem war es Hudson nicht mehr ganz geheuer.

Er sah den Fremden von der Seite an. Ob es wohl stimmt, dass seine Frau im Sterben liegt? In diesem irischen Teil von Hull waren die Leute doch alle katholisch. Wenn seine Frau nun wirklich im Sterben liegt, warum hat er sich dann nicht an einen Priester gewandt? Warum ist er zu einem Protestanten gekommen?

»Sagen Sie«, sprach Hudson seinen Begleiter an, »warum haben Sie eigentlich keinen Priester zu Ihrer Frau geholt?« Er war richtig froh, den bekannten Klang seiner eigenen Stimme zu hören. Der Fremde erzählte ihm dann, er sei vorher beim Priester gewesen, doch der hatte Geld verlangt. Da er und seine Verwandten aber völlig mittellos sind, mussten sie auf diese Hilfe verzichten. Sie hatten seit Tagen nicht einmal mehr etwas zu essen gehabt.

So war das also! Deshalb war er zu Hudson gekommen! Nicht nur der Tod, sondern auch Hunger und Elend bedrohten diese Familie! Hudsons Hand krampfte sich um eine Silbermünze, die in seiner Manteltasche steckte. Sie war sein ganzer Besitz – alles, was er hatte. Die Münze in Hudsons Hand begann zu brennen. In seiner Unterkunft hatte er nur noch zwei Schälchen Porridge. Schon morgen musste sich Hudson von diesem Geld Essen kaufen, oder aber hungern.

Nein, unter diesen Umständen konnte niemand von ihm verlangen, sein letztes Geld dieser armen Familie zu schenken. Es war ganz unmöglich – einfach ausgeschlossen. Plötzlich ärgerte sich Hudson über den Mann und machte ihm Vorwürfe, dass er nicht beizeiten vorgesorgt hatte. Es hätte doch gar nicht erst soweit kommen müssen.

»Ach, junger Mann, ich habe ja schon überall um Hilfe gebettelt«, sagte der Mann traurig und müde. »Alles umsonst, ich konnte auch keine Arbeit bekommen! Immer bin ich nur vertröstet worden. Doch für die Seele meiner Frau brauche ich dringend sofort Hilfe. Sie lebt nicht mehr lange!« Das traf Hudson ins Herz.

Nun bog der Mann in einen dunklen Hof ein. Hudson meinte ihn zu kennen. Hier war er doch schon einmal gewesen! Und was er da erlebt hatte, das würde er sein Lebtag nicht vergessen. Die aufgebrachten Slum-Bewohner waren damals mit Faustschlägen über ihn hergefallen und hatten seine Traktate in Fetzen gerissen. »Lass dich bloß nicht noch mal hier blicken«, hatten sie ihm nachgeschrien. Der Priester wurde gerade noch geduldet, aber ein protestantischer Prediger hatte hier nichts zu suchen. Das hätte Hudson sich nicht träumen lassen, dass er sogar noch einmal hierher geholt werden würde.

Von ganzem Herzen wünschte er sich, dass seine Anwesenheit nicht weiter bekannt werden würde. Erleichtert atmete er auf, als der Fremde, nachdem sie sich eine knarrende, baufällige Treppe emporgetastet hatten, oben eine Tür öffnete. Sie waren am Ziel.

Was für ein Anblick bot sich Hudsons Augen! Im flackernden Licht einer billigen Kerze sah er leere Kisten, Fenster ohne Gardinen und Vorhänge – einen Raum, in dem fast keine Möbel standen. In einer Ecke lag eine magere, erschreckend blasse Frau auf einem Strohsack und neben ihr ein neugeborenes Baby. Auf dem Boden lagen Kinder in Lumpen, ohne Schuhe und Strümpfe, die ihren Vater und den Fremden, den er mitgebracht hatte, mit großen, hungrigen Augen anstarrten.

Hudson stand wie angewurzelt in dem Raum und musste plötzlich wieder an die Münze in seiner Tasche denken. Wenn er doch nur zwei Münzen hätte. Selbstverständlich würde er sofort eine an diese armen Leute verschenken. Aber, er musste schließlich selbst sehen, wie er über die Runden kam. Also Schluss mit den Gedanken an die Silbermünze. Er riss sich zusammen und dachte daran, dass er Missionar werden wollte. Seine Aufgabe war es, diesen Menschen »das Evangelium zu verkündigen«.

Schließlich ging es zuallererst um die Seelen dieser armen Menschen.

»Ihre Lage ist böse«, begann Hudson langsam. »Aber Sie dürfen sich nicht zu Boden drücken lassen. Wir haben einen Vater im Himmel, der uns liebt und für uns sorgt, und wenn wir ihm vertrauen . . .«

Die Worte blieben Hudson im Halse stecken. »Du Heuchler!«, schrie eine Stimme in ihm. »Du erzählst den Leuten etwas von einem guten und liebevollen Vater im Himmel und selbst klammerst du dich an dein schäbiges Geldstück in der Tasche!«

Die Familie starrte ihn reglos an. Was mochten sie von ihm denken? Sicher hielten sie ihn für einen reichen Mann, denn er trug einen langen, warmen Mantel und richtige Lederschuhe und hielt einen Hut in der Hand. Sie würden es ihm wohl kaum abnehmen, dass er wirklich nur noch diese eine Münze hatte. Hudson war es elend zu Mute. Ach, wenn er doch nur mehr Geld hätte, er würde teilen, ganz bestimmt würde er das!

Er wandte sich an den Mann und sagte: »Ich bin mitgekommen, um mit Ihrer Frau zu beten. Kann ich anfangen?« Und ohne eine Antwort abzuwarten, kniete sich Hudson nieder und fing zu beten an. Er hatte sich Erleichterung davon versprochen. Aber es wurde ihm nicht leichter ums Herz. Kaum hatte er mit dem Vaterunser begonnen, da hörte er auch schon wieder die innere, anklagende Stimme: »Du hast Geld, du hast eine Silbermünze bei dir!« Er quälte sich durch das Gebet. Ihm wurde immer elender zu Mute, und schließlich erhob er sich unglücklich.

Da kam der Mann auf ihn zu und bettelte verzweifelt: »Sie sehen, dass wir nicht mehr ein noch aus wissen, Sir. Um Gottes willen, können Sie uns nicht helfen?«

10

Armer Hudson! Was sollte er tun? Plötzlich fiel ihm eine Aufforderung Jesu aus der Bergpredigt ein, die er schon so oft gelesen hatte. Sie wurde ihm jetzt zum unausweichlichen Befehl: »Gib dem, der dich bittet!« Gib . . .! Langsam fasste er in seine Tasche. Er wusste, er musste die Silbermünze – seinen ganzen Besitz – hergeben.

Hudson überreichte dem Mann das Geld mit den Worten: »Vielleicht denken Sie, ich sei reich; aber diese Münze ist alles, was ich besitze! Nehmen Sie das Geld und kaufen Sie davon morgen etwas zu essen!« Zu seiner großen Überraschung wurde ihm auf einmal wohler ums Herz, und er fuhr fort: »Was ich Ihnen aber vorhin gesagt habe ist wirklich wahr. Gott ist ein Vater, und man kann sich auf ihn verlassen. Ich kann mich auf ihn verlassen . . .« Und plötzlich wusste Hudson, dass er es wirklich konnte. Jetzt, da das Geld nicht mehr in seiner Tasche »brannte«, konnte er mit großer Zuversicht und großem Vertrauen von Gottes Liebe sprechen. Dieser Stimmungsumschwung machte ihn einfach glücklich.

Mit den besten Wünschen trennte sich Hudson von der Familie. Er tastete sich die klapprige Treppe hinunter auf den Hof, machte Freudensprünge, begann zu singen und kümmerte sich nicht mehr um die argwöhnisch lauernden Gestalten in der Dunkelheit. Als er schließlich in seinem kleinen Zimmer in Drainside angelangt war und sein vorletztes Schälchen Porridge aß, fühlte er sich so reich wie ein König.

Plötzlich erinnerte er sich, dass er einmal irgendwo in der Bibel gelesen hatte, »dass, wer den Armen gibt, es dem Herrn leiht«. Dann hatte er also Gott Geld geliehen. Dieser Gedanke hatte anfangs etwas Ungeheuerliches für ihn; aber weil es ja so in der Bibel stand, wusste er, dass er so denken durfte. Als er dann später vor seinem Bett kniete, erwähnte er deshalb auch die Sache mit dem »Darlehen« und bat Gott kindlich darum, dass sein Geld doch schnell zurückgezahlt werden möge, weil er sonst morgen hungern müsse!

Am nächsten Morgen stand er wie gewöhnlich auf und betrachtete sein letztes Schälchen Porridge. Ein hartes Tagewerk lag vor ihm, und wenn ein Schälchen Porridge auch zum Frühstück ausreichte, so war es doch nicht genug für den ganzen Tag. Wann würde Gott sein »Darlehen« wohl zurückzahlen?

Er setzte sich und begann zu essen. An der Haustür hörte er die Stimme des Postboten, achtete aber nicht weiter darauf, weil er montags eigentlich nie Post bekam. Doch kurz darauf klopfte seine Zimmerwirtin an die Tür.

»Ein Päckchen für Sie, Mr. Taylor«, rief sie und hielt es ihm in ihrer Schürze entgegen, weil sie nasse Hände hatte. Erstaunt sprang er auf: »Nanu, wer schickt *mir* denn ein Päckchen?« Er nahm ihr das Päckchen ab und sah es genau an. Tatsächlich, es war an ihn adressiert. Die Handschrift war ihm aber nicht bekannt. Der Poststempel war verwischt, sodass ihm der auch nicht weiterhelfen konnte. Schließlich öffnete er das Päckchen und fand darin ein Paar Glacé-Handschuhe in Seidenpapier eingewickelt.

»Merkwürdig, wer könnte mir wohl Glacé-Handschuhe schicken?«, dachte er und schüttelte den Kopf. Plötzlich fiel etwas auf die Erde. Er bückte sich um es aufzuheben – es war eine Goldmünze.

Er starrte das Geldstück verwundert an und suchte in dem Packpapier nach einem Brief, aber vergebens. Dann sah er sich noch einmal die Adresse und den Poststempel auf dem Umschlag genau an, fand aber wieder keinerlei

Anhaltspunkte, die auf den Absender hätten schließen lassen.

Hudson hat niemals erfahren, wer der Absender des Päckchens war. Er hat auch nicht mehr weiter nachgegrübelt, sondern es einfach als ein Geschenk des Himmels betrachtet. Er hatte also nicht nur seine Silbermünze erstattet bekommen, sondern zehnmal mehr. Plötzlich lachte Hudson laut. »Das ist ein toller Zinssatz! Meine Silbermünze war nur einige Stunden in Gottes Bank, und eine Goldmünze habe ich zurückbekommen. Das ist die richtige Bank für mich!«

2. Nur ein Nadelstich

Hudson Taylor wohnte im Armenviertel von Hull, Drainside Nr. 5. Die Straße war nach dem Kanal benannt, der sich durch die engen Häuserreihen hinzog. So brauchten die Leute, die hier wohnten, nur Haustür oder Fenster zu öffnen und konnten einfach ihren ganzen Müll und Abfall dort hineinwerfen. Schmutziges Papier, Kohlblätter, Kartoffelschalen und verfaultes Gemüse trieben in dem Wasser. Natürlich stank der Kanal fürchterlich.

Welch ein Kontrast war doch diese armselige, verkommene Gegend zu Hudsons schöner Heimatstadt Barnsley in Yorkshire. Wie schäbig war auch sein kleines Zimmer, in dem nur ein Bett, ein Tisch und zwei Stühle standen, verglichen mit seinem gepflegten Zuhause. Das warme, große Wohnzimmer daheim mit dem breiten Bücherregal, dem bequemen Sofa und den Sesseln, dem hübschen Geschirr und den funkelnden Gläsern im Büfett war dagegen ein Festsaal. Hudson war auch sehr unglücklich, dass er hier in Hull keine Gesellschaft beim Essen hatte. Wie anders war es doch zu Hause an dem hübsch gedeckten Tisch mit seinen Eltern und seinen zwei jüngeren Schwestern. Es hatte ihm immer Spaß gemacht, sich mit den Schwestern zu necken. Er vermisste sie sehr – besonders Amelia.

Aber Hudson wusste, dass sein Platz hier in Hull war. Er musste lernen, ein unbequemes Leben zu leben, weil er diese Vorbereitung für sein späteres Leben in China einfach brauchte. Und dass sein Weg nach China ging, das war ihm seit jenem Dezemberabend im vorigen Jahr ganz klar. Damals hatte er deutlich den Ruf gehört: »Geh für mich nach

China!« Während des Betens hatte er die Stimme gehört, und obwohl er vorher niemals daran gedacht hatte, nach China zu gehen, war der Befehl doch so klar und so unmissverständlich, dass er keinen Augenblick daran zweifelte, die Stimme Gottes gehört zu haben. Deshalb war er auch fest entschlossen, diesen Auftrag auszuführen. Konsequent hatte er sein Elternhaus in Barnsley verlassen und war hier nach Hull gekommen. Nun arbeitete er als Assistent bei einem Arzt, denn er brauchte unbedingt medizinische Kenntnisse und Erfahrungen. Hull war also die erste Station auf seinem Weg zum »Reich der Mitte«.

Aber hier in Hull ging es Hudson nicht allein um die Erlangung der Medizinkenntnisse; er wollte hier auch feststellen, ob sein Glaube an Gott stark genug ist, um in einem fremden Land, in dem Schwierigkeiten und Gefahren auf ihn warteten, standzuhalten.

Hudsons Wirtin, Mrs. Finch, war mit einem Seemann verheiratet, der die meiste Zeit unterwegs war. Es war nicht leicht für die Frau, mit dem geringen Lohn ihres Mannes zurechtzukommen. Deshalb hatte sie auch ihr bestes Zimmer vermietet. Dadurch konnte sie die Miete für ihre eigene Wohnung aufbringen. Sie war sehr glücklich, dass jetzt der junge Hudson Taylor bei ihr wohnte. Sie hatte mit Untermietern schon allerhand erlebt und wusste deshalb diesen anständigen, netten Mann zu schätzen. Als Hudson seiner Wirtin nun eines Tages eröffnete, dass er ausziehen würde, war sie darüber sehr traurig.

»Ich muss in London an einem medizinischen Kursus in einem Krankenhaus teilnehmen«, erklärte er ihr.

»Schade, dass Sie gehen«, entgegnete sie. Einen Augenblick überlegte sie. »Sie ziehen nach London?« Und ohne eine Antwort abzuwarten, fuhr sie fort:

»Wäre es vielleicht möglich, dass Sie mir dann einen Gefallen tun, wenn Sie dort sind?«

Natürlich war Hudson gern dazu bereit. Dann trug sie ihr Anliegen vor. Die Hälfte von dem Lohn ihres Mannes bekam sie monatlich von der Reederei in London zugeschickt. Für die Zusendung musste sie jedoch eine ziemlich hohe Gebühr zahlen. Wenn Mr. Taylor das Geld für sie bei der Reederei abholen und ihr zuschicken würde, dann könnte sie eine Menge Geld sparen.

Hudson stimmte sofort bereitwillig zu, ohne zu ahnen, was das später in London für ihn bedeuten würde. Die Reederei hatte nämlich nur bestimmte Sprechzeiten und lag in dem weit entfernten Stadtteil Cheapside.

Die Zeit in London sollte für Hudson ein weiterer Meilenstein auf dem Wege nach China werden. Er hatte inzwischen Kontakt zu einer kleinen Missionsgesellschaft, die auch bereit war, ihn auszusenden. Auf Empfehlung dieser Gesellschaft sollte er sich in London weiter ausbilden lassen. Für Hudson war aber nicht nur der Kursus wichtig. Auch hier in London wollte er dasselbe Glaubensleben führen wie in Hull. Darüber sprach er jedoch mit niemand. Er hielt es aber einfach für erforderlich, auch jetzt wieder seinen Glauben und seine Fähigkeit, mit Schwierigkeiten fertig zu werden, zu testen.

Sein Vater hatte ihm angeboten, für seinen Lebensunterhalt in London aufzukommen, und die Missionsgesellschaft hatte ihm dasselbe Angebot gemacht. Nachdem Hudson hin und her überlegt und um Klarheit gebetet hatte, entschied er sich, weder das eine noch das andere Angebot anzunehmen. Er dankte seinem Vater und teilte ihm mit, dass er seine Hilfe nicht brauche. Natürlich nahm sein Vater an, dass er von der Missionsgesellschaft unterstützt

16

würde. Der Missionsgesellschaft dankte er ebenfalls und teilte ihr mit, dass er ihre Unterstützung nicht brauche. Dort vermutete man selbstverständlich, dass sein Vater für ihn aufkommen würde.

So kam Hudson mit etwas Geld, das er sich in Hull zusammengespart hatte, an einem neblig-trüben Tag in London an. Er wusste nicht, was werden sollte, wenn das Geld aufgebraucht war. Trotzdem war er fest entschlossen, ausschließlich Gott zu vertrauen. Er wollte so sparsam wie nur möglich leben.

In einer Pension in Soho konnte er eine Dachkammer mit einem Cousin teilen. Dafür war Hudson sehr dankbar. So war er wenigstens nicht ganz allein in der großen Stadt. Er hielt sich aber seine eigene Verpflegung, und die war wirklich sehr kärglich und billig. Nach einigen Versuchen kam er zu dem Ergebnis, dass Schwarzbrot, Äpfel und klares, kaltes Wasser die billigste Diät war, die er zusammenstellen konnte. Auf dem Hinweg ins Krankenhaus kaufte er sich also ein Pfund Äpfel zum Mittagessen, und auf dem Rückweg – auf dem ihm mancherlei verlockende Düfte aus den Restaurants in die Nase stiegen – ging er in eine Bäckerei und kaufte sich ein kleines Vollkornbrot, das er einmal durchschneiden ließ.

Mit den zwei Brothälften unter dem Arm setzte er dann seinen weiten Heimweg fort – hin und zurück jeweils vier Meilen. Die eine Brothälfte war sein Abendbrot, und die andere sparte er für das Frühstück am kommenden Morgen – auch dann, wenn sein Hunger so groß war, dass er der zweiten Hälfte kaum widerstehen konnte.

»... Nein, meine Gesundheit nimmt keinen Schaden! ...«, schrieb er seiner Mutter, die sich Sorgen um ihn machte. Ob er sich denn auch ordentlich verpflege, wollte sie wissen. Wenn sie geahnt hätte, wie spartanisch ihr Sohn lebte! ». . . Im Gegenteil, jeder sagt, dass ich gut aussehe, und manche meinen sogar, dass ich dick werde. Um das zu behaupten«, fügte er schmunzelnd hinzu, »braucht man allerdings eine blühende Fantasie!«

Ungefähr drei Monate nach seiner Ankunft in London erhielt er einen dringenden Brief von Mrs. Finch. Sie bat ihn, doch den Lohn ihres Mannes so schnell wie möglich abzuholen und ihr zuzuschicken. Sie besaß keinen Pfennig mehr und hatte schon Schulden gemacht.

Diese Bitte kam für Hudson sehr ungelegen, denn er stand gerade vor einer Prüfung und saß in jeder freien Minute über seinen Büchern. Deshalb entschloss er sich, den Betrag erst einmal von seinem eigenen ersparten Geld zu verauslagen, und den Lohn erst nach der Prüfung von der weit entfernten Reederei in Cheapside abzuholen. Hätte er nur geahnt, was dadurch auf ihn zukam! Denn, als er schließlich in Cheapside vorsprach, sagte man ihm dort, dass er kein Geld bekommen könne!

»Der Finch ist nämlich davongelaufen«, wurde er aufgeklärt. »Er ist unter die Goldgräber gegangen . . .«

Hudson war entsetzt. »Wie konnte ich nur so dumm sein!« Und nach einer Weile fügte er erklärend hinzu: »Ich habe seiner Frau den Lohn von meinem eigenen Geld verauslagt, weil ich gerade keine Zeit hatte, ihn hier abzuholen. Sie wird aber nicht in der Lage sein, mir das Geld zurückzugeben.«

»Das tut mir leid«, bekam er von dem Angestellten zur Antwort. »Ich kann aber nichts daran ändern.« So musste Hudson unverrichteter Dinge wieder gehen.

Er war ziemlich aufgebracht. Selber hatte er so gespart, damit er möglichst lange von dem Geld leben konnte,

18

und nun hatte er von einem Tag auf den andern fast alles verloren.

Nach einer Weile beruhigte er sich wieder. Er wollte ja Gott vertrauen lernen und glauben, dass er ihn versorgt, sobald seine eigenen Mittel erschöpft sind. Und dies würde bald der Fall sein! Doch Hudson erinnerte sich noch gut an seine Erlebnisse in Hull, und deshalb war er zuversichtlich und überzeugt, dass alles irgendwie doch ein gutes Ende nehmen würde.

An diesem Abend bastelte er sich ein Notizbuch. Das war nämlich billiger, als eins zu kaufen. Er nahm einige Bogen Papier, schnitt sie zurecht und nähte sie zusammen. Dabei stach er sich versehentlich in den Zeigefinger seiner rechten Hand – eine winzige Verletzung, der er keinerlei Bedeutung beimaß, und doch hätte dieser kleine Stich ihn fast das Leben gekostet.

Am nächsten Tag sollte er nämlich im Krankenhaus beim Sezieren, der medizinischen Untersuchung eines Verstorbenen, teilnehmen. Der betreffende Tote war an einem heimtückischen Fieber gestorben. Deshalb war diese Aufgabe nicht nur unangenehm, sondern auch gefährlich. Alle beteiligten Studenten wurden darauf aufmerksam gemacht, dass der kleinste Kratzer eine Infektion mit der gefährlichen Krankheit zur Folge haben könne. Deshalb arbeiteten alle mit der größten Vorsicht, um jegliche Verletzung zu vermeiden. Auch Hudson hatte sehr sorgfältig gearbeitet. Darum kam er nicht auf den Gedanken, dass er irgendetwas Ernstliches haben könnte, als er sich plötzlich elend und krank fühlte. Er wunderte sich nur und meinte, dass seine Diätkost eigentlich nicht zu Übelkeit führen könne. Er trank ein Glas kaltes Wasser, fühlte sich etwas besser und ging in den Hörsaal. Sein rechter Arm aber begann dermaßen zu schmerzen, dass er nicht mehr schreiben konnte. Der Schmerz griff über auf die ganze Seite, und er fühlte sich richtig krank. So konnte es nicht weitergehen.

»Ich weiß gar nicht, was mit mir los ist«, sagte er schließlich zu dem Chirurgen im Seziersaal.

»Wo fehlt es denn?«, fragte dieser zurück. Hudson versuchte, ihm seine Beschwerden zu erklären. Da sah ihn der Chirurg ernst an und sagte: »Ich fürchte, die Diagnose ist eindeutig. Es ist das bösartige Fieber. Sie müssen sich beim Sezieren verletzt haben.«

»Nein, Sir, das kann nicht sein. Ich hatte keinen Kratzer und keine Schnittwunde . . .«

»Sie müssen aber eine offene Stelle gehabt haben«, beharrte der Arzt. »Zeigen Sie mal Ihre Hand her!« Während Hudson sie ausstreckte, erinnerte er sich plötzlich an den Nadelstich vom Vorabend. Ob da ein Zusammenhang bestand? Der Chirurg hielt es für möglich.

»Nehmen Sie eine Pferdedroschke und fahren Sie so schnell wie möglich nach Hause«, sagte er. »Ordnen Sie alles.« Der Arzt wusste nur zu gut, dass es wenig sinnvoll wäre, Hudson über den Ernst der Lage im Unklaren zu lassen. »Beeilen Sie sich«, fügte er leise hinzu, »Sie haben nicht mehr lange zu leben.«

3. Kraft durch Gebet

Hudsons erste Reaktion auf diese schreckliche Diagnose war grenzenlose Enttäuschung. Wenn er sterben würde, dann war China nur ein Traum gewesen, eine schillernde Seifenblase. Wie sehr hatte er sich dorthin gesehnt. Wie unerschütterlich war seine Überzeugung gewesen, dass Gott für ihn in diesem Land einen Auftrag hatte. Es war doch unmöglich, dass er sich getäuscht haben sollte. Oder hatte er sich alles nur eingebildet? Hudson wurde hin- und hergerissen. Vielleicht hatte er sich doch geirrt. Nein, das konnte doch gar nicht sein! Wenn Gott ihn aber wirklich in China haben wollte, dann würde er wieder gesund werden, auch wenn nach menschlichem Ermessen keine Hoffnung für ihn bestand.

Das alles versuchte Hudson dem Chirurgen zu erklären. Er sagte ihm, dass er vor dem Sterben keine Angst habe, dass er den Gedanken sogar verlockend finde, schon bald bei Gott zu sein. Er sei jedoch sicher, dass er zuvor noch eine Aufgabe in China zu erfüllen habe, und deshalb müsse er einfach durchkommen und wieder gesund werden.

»Das ist alles schön und gut«, entgegnete ihm der Arzt etwas ungehalten. Wahrscheinlich nahm er an, dass das Fieber den jungen Mann schon verwirrte. »Sie haben aber keine Zeit mehr, darüber nachzudenken, weshalb Sie unbedingt am Leben bleiben müssen, wenn es doch feststeht, dass Sie ein Todeskandidat sind. Nehmen Sie eine Droschke und fahren Sie so schnell wie möglich nach Hause. Ordnen Sie Ihre Angelegenheiten. Sie haben keine Zeit mehr zu verlieren. Nur zu schnell wird es Ihnen nicht mehr möglich sein, einen klaren Gedanken zu fassen.«

Hudson versuchte zu lächeln, als er sich von dem Arzt verabschiedete. Eine Droschke konnte er sich nicht leisten, deshalb schleppte er sich langsam zur nächsten Haltestelle, wo die von Pferden gezogenen Omnibusse abfuhren, und stieg erschöpft ein. Der Schmerz in seinem Arm quälte ihn sehr in dem alten, schlecht gefederten Vehikel. Als er schließlich mit letzter Kraft die drei Treppen in seiner Pension hochgestiegen war, fühlte er sich ausgepumpt und unsagbar elend. Er schnitt sich den Finger etwas auf, weil er sich Erleichterung davon versprach, wenn das Gift ausströmen konnte. Es tat furchtbar weh – und das war das Letzte, an das er sich erinnern konnte. Bewusstlos fiel er zu Boden.

Halbtot fand man ihn auf der Erde. Schnell wurde ein Onkel von Hudson, der in der Nähe wohnte, benachrichtigt. Der freundliche Mann nahm sich seines Neffen an und ließ sofort einen Arzt rufen, obwohl Hudson, der inzwischen wieder zu sich gekommen war, sich verzweifelt dagegen wehrte, weil er keinen Arzt bezahlen konnte.

»Lass das nur meine Sorge sein«, beruhigte ihn der Onkel. »Er ist mein Hausarzt, und die Rechnung geht auf meinen Namen.« Als der Arzt dann schließlich Hudsons Krankengeschichte hörte, wurde er sehr ernst und nachdenklich.

Endlich sagte er: »Es besteht für Sie eine winzige Chance, vorausgesetzt, dass Sie bescheiden gelebt haben. Wenn Sie aber immer üppig gegessen haben und an Alkohol gewöhnt sind, dann habe ich auch keine Hoffnung mehr für Sie . . .«

Trotz der Schmerzen musste Hudson lächeln. Er dachte an seine »Diät«, die tagein, tagaus aus Äpfeln, Schwarzbrot und Wasser bestanden hatte. Wenn nun seine Genesung von seiner bescheidenen Lebensweise abhing, dann gab es wohl kaum jemanden, der eine bessere Überlebenschance gehabt hätte als er.

»Trotzdem«, dämpfte der Arzt seinen Optimismus, »wird es ein harter Kampf werden. Sie müssen alles tun um wieder zu Kräften zu kommen. Jeden Tag eine Flasche Portwein und so viele Koteletts, wie Sie nur herunterbekommen!«, sagte er, indem er sich Hudsons Onkel zuwandte. – Diese »Diät« war nicht gerade nach Hudsons Geschmack. Er wollte sich aber Mühe geben und sie einhalten.

Mehrere Wochen musste Hudson fest im Bett liegen. Er war so schwach, dass er sich kaum rühren konnte. Nach langen Wochen des Leidens und vielen schlaflosen Nächten war er endlich soweit wieder hergestellt, dass er sein Zimmer verlassen und für ein oder zwei Stunden auf einem Sofa in dem Aufenthaltsraum der Pension liegen konnte. Jetzt erfuhr er auch, dass zwei andere Medizinstudenten, die sich zur gleichen Zeit beim Sezieren infiziert hatten, gestorben waren. Weshalb war er dann mit dem Leben davon gekommen? Plötzlich wusste er, dass in China eine große Aufgabe auf ihn wartete.

Eines Tages, als der Arzt bei ihm war und sich über den guten Fortgang der Genesung freute, sagte er zu Hudson:

»Am besten wäre es, wenn Sie aufs Land führen, sobald Sie kräftig genug sind. Sie brauchen unbedingt Ruhe und Erholung, damit Sie wieder ganz gesund werden. Wenn Sie Ihre Arbeit zu früh wieder aufnehmen, kann es einen bösen Rückschlag geben.«

Das war keine schlechte Idee. Hudsons Gedanken wanderten nach Barnsley, seinem Zuhause. Dort würde er Ruhe und Erholung finden können. Plötzlich sehnte er sich nach den schattigen Hängen von Lunn Woods, den bunten Schmetterlingen und den pfeifenden Vögeln. Und dann der herrliche Blick auf die Pennines . . . Das Heimweh packte ihn. Er erinnerte sich an die glücklichen Tage seiner Kindheit. Wie oft war er die Cudworth Street heruntergerannt. Mal rollte er einen Reifen vor sich her, und mal neckte er Amelia. Er hörte sie wieder hinter sich herkeuchen und sah ihre Korkenzieherlocken auf- und abwippen. »Aufs Land fahren!« Diese Anordnung des Arztes war wirklich sehr verlockend. Hudson wusste selbst, dass er viel zu schwach war, als dass er schon bald wieder die anstrengende Arbeit im Krankenhaus hätte aufnehmen können. Außerdem konnte er wohl auch nirgends wieder so schnell zu Kräften kommen, wie zu Hause bei seiner Familie. Es gab eigentlich nur einen einzigen Haken an der Sache. Ihm fehlte das Reisegeld. Zwar würde ihm sein Onkel zweifellos gern aushelfen. Und wenn er nur die leiseste Andeutung in einem Brief an die Eltern machte, dann wäre das Fahrgeld postwendend da. Aber Hudson war nicht für diese leichten und natürlichen Wege. Er wollte und musste es weiter ausprobieren, ob Gott auf seine Gebete antwortete. Darum wollte er lieber felsenfest auf Gott vertrauen, statt sich an Menschen zu wenden. Diese Übung erschien ihm unerlässlich im Blick auf seinen Auftrag in China; denn ob er dort mit menschlicher Hilfe rechnen konnte, war fraglich. So sagte er alles Gott und fragte ihn, was er tun sollte.

Danach dachte er eine ganze Weile ruhig über alles nach. Wenn er nicht das Geld an Mrs. Finch geschickt hätte, kam es ihm in den Sinn, dann hätte es für das Fahrgeld gereicht. Und wenn der Finch nicht gerade zu der Zeit von seinem Schiff weggelaufen wäre, dann hätte er das Geld von der Reederei zurückbekommen. Da kam ihm plötzlich der Gedanke, dass er das Geld vielleicht doch noch bekommen könnte, wenn er noch einmal bei der Reederei vorsprach. Es war zwar unwahrscheinlich, weil er ja das Geld an Mrs. Finch aus eigener Veranlassung abgeschickt hatte; trotzdem ließ ihn dieser Gedanke nicht wieder los.

Hatte Gott ihm das eingegeben? Oder war das nur seine eigene Wunschvorstellung? Er war sich nicht sicher. So bat er Gott um Klarheit. Selbst wenn der Gedanke von Gott kam, so blieb ja immer noch die Schwierigkeit bestehen, dass die Reederei weit entfernt war, und Hudson nicht das Geld besaß, um dorthin zu fahren. Und zu Fuß zu gehen, das kam doch gar nicht in Betracht. Er konnte ja noch nicht einmal ohne fremde Hilfe die Treppe hinunter zum Sofa gehen. Nein, zu Fuß bis nach Cheapside, das war ein Ding der Unmöglichkeit! Oder vielleicht doch nicht? Zu seinem eigenen Erstaunen stellte Hudson fest, dass es ihm plötzlich gar nicht mehr so unmöglich erschien. Gott hatte ja auf seine Gebete hin schon ganz außergewöhnliche und unerwartete Dinge getan. Und Jesus Christus hatte einmal gesagt: »Was ihr bitten werdet in meinem Namen, das will ich tun, damit der Vater verherrlicht wird in dem Sohn« (Joh. 14,13). Obwohl Jesus das schon vor Jahrhunderten gesagt hatte, erschienen Hudson diese Worte plötzlich höchst aktuell. »Was ihr in meinem Namen bitten werdet, das will ich tun!« Hudson brauchte also nur um Kraft zu bitten. Das tat er auch. Dann klingelte er nach dem Dienstmädchen und bat es, Hut und Stock aus seinem Zimmer zu holen. Das Mädchen sah ihn verdutzt an, erfüllte ihm jedoch die Bitte. Hudson verließ dann langsam seine Pension und ging die unbelebte Straße entlang bis zur Hauptverkehrsstraße, die ins Stadtzentrum führt.

Er kam nur sehr schleppend voran. Für die Passanten sah es aus, als hätte er ein ungewöhnliches Interesse an den

Schaufensterauslagen, denn an fast jedem Geschäft blieb er stehen und lehnte sich gegen die Scheibe, bevor er seinen beschwerlichen, anstrengenden Gang wieder fortsetzte. Damen in Reifröcken überholten ihn, und Straßenverkäufer priesen ihre Waren an. Hudson aber war zu müde, seinen Kopf auch nur zur Straße zu drehen um die eleganten Kutschen anzusehen, die von galoppierenden Pferden gezogen wurden. Vielleicht hätte er nicht einmal hingesehen, wenn die junge Königin Victoria vorbeigefahren wäre.

Endlich hatte er die Kreuzung Snow Hill erreicht, und jetzt ging es bergauf. Er hatte um Kraft gebetet, und er sagte sich, dass die Kraft auch für den steilen Berg ausreichen würde, der nach Cheapside führt. Tatsächlich, er erreichte die Reederei. Er schaffte es wirklich! Abgekämpft ließ sich Hudson auf die Treppenstufen fallen um Kraft zu sammeln für die Treppe, die zu dem Büro in der ersten Etage führte. Es war reichlich komisch, wie er dort saß. Das fanden offensichtlich auch die feinen Herren, die treppauf und treppab an ihm vorbeigingen. Sie blickten ihn verwundert an und hielten ihn wohl für betrunken. Es sprach Hudson jedoch niemand an, und schließlich raffte er sich auf und stieg die Treppe hoch.

Nun kam der kritische und entscheidende Augenblick!

Ob er nach der ungeheuren Anstrengung eine Enttäuschung erleben würde? Irgendwie hatte Hudson das Gefühl, dass alles klar gehen würde. Und es ging auch klar!

Der Angestellte begrüßte ihn und erkannte ihn sofort.

»Ich bin ja so froh, dass Sie gekommen sind«, rief er. »Es hat sich nämlich herausgestellt, dass nicht Ihr Mr. Finch weggelaufen ist, sondern ein anderer Seemann gleichen Namens. Ich möchte Ihnen deshalb den ganzen bis heute fälligen Lohn für Mrs. Finch auszahlen. So wird die Frau das Geld bestimmt sicherer erhalten als über ihren Mann. Sein Schiff ist gerade in Gravesend eingelaufen, und man kennt ja die Versuchungen, denen die Seeleute ausgesetzt sind, wenn sie nach langer Reise an Land gehen.« Dann sah sich der Angestellte den jungen Medizinstudenten genauer an, der so blass und elend vor ihm stand, und fuhr fort: »Aber bevor ich Ihnen das Geld aushändige, müssen Sie sich erst einmal ausruhen und etwas essen. Ich wollte gerade zu Tisch gehen. Kommen Sie doch mit mir mit! Ich lade Sie zum Essen ein!«

Dankbar nahm Hudson diese freundliche Einladung an. Ausruhen und essen, das war ihm beides willkommen.

Zurück nach Soho fuhr er mit dem Bus. Er konnte es sich jetzt ja leisten.

Die ungeheure Anstrengung hat sich für Hudson sogar positiv ausgewirkt. Am nächsten Morgen fühlte er sich nämlich so stark, dass er sich auf den Weg zum Arzt machte, um dort seine Rechnung zu begleichen. Sein Onkel hatte schon so viel für ihn getan, und deshalb wollte er nicht, dass er auch noch die Arztrechnung für ihn bezahlte, während er sein Geld für eine Fahrt nach Hause ausgab. Obwohl er es sich ausrechnen konnte, dass er nach Begleichung der Arztrechnung kaum noch genug Geld übrig haben würde, um eine Fahrkarte nach Hause zu kaufen, schien es ihm trotzdem unumgänglich, seine Schulden bei dem Arzt zu bezahlen. In der Arztpraxis erwartete ihn jedoch eine weitere angenehme Überraschung. Der Arzt wollte nämlich kein Geld von ihm haben.

»Sie sind Medizinstudent«, sagte er mit resoluter Stimme, »und deshalb nehme ich von Ihnen auch kein Geld an.«

»Aber die Medikamente . . .«, protestierte Hudson. »Das viele Chinin muss ich doch wenigstens bezahlen!«

»Na gut«, sagte der Arzt. »Dann nehme ich etwas für das Chinin, und damit hat sich das!«

Als Hudson dem Arzt den erstaunlich kleinen Betrag überreichte, rechnete er in Gedanken schnell aus, was ihm noch übrig blieb. Es reichte nun noch für die Bahnfahrt, für die anschließende Busfahrt nach Hause und sogar auch noch für Reiseproviant. Hudson war überglücklich. Das war einfach wunderbar! Er war überwältigt, dass Gott alle seine Probleme geradezu meisterhaft gelöst hatte. Da konnte er sich nicht mehr bremsen. Diesen neuen, klaren Beweis für die einzigartige Führung Gottes in seinem Leben konnte und wollte er nicht für sich behalten. Er musste dem Arzt davon erzählen; denn wenn Gott für ihn die ganze Verantwortung übernommen hat, dann will er es doch gewiss auch für andere Menschen tun.

So begann er höflich: »Entschuldigen Sie bitte, Sir, aber darf ich Ihnen etwas erzählen?! Ich weiß, dass ich mein Leben Gott, aber auch Ihrer Fürsorge und Mühe verdanke. Und deshalb möchte ich Ihnen etwas anvertrauen . . .« Und dann berichtete er, weshalb er überhaupt in London war, und wie er hier feststellen wollte, ob Gott wirklich Gebete erhörte, bevor er nach China ging. Und nun habe er die Erfahrung gemacht, dass Gott eine Realität ist. Der Arzt hörte wohlwollend zu, konnte aber seine Zweifel und Skepsis nicht verbergen. Und dann berichtete Hudson von seinem gestrigen Erlebnis in der Reederei.

»Aber das ist doch ganz unmöglich, dass Sie in Cheapside waren«, unterbrach ihn der Arzt. »Als ich Sie gestern auf dem Sofa liegen sah, da waren Sie einem Geist ähnlicher als einem Menschen!«

»Ich bin aber wirklich dort gewesen, Sir«, versicherte Hudson. Und dann erklärte er dem Arzt, dass er im

Namen Jesu um Kraft gebeten habe und dann losmarschiert sei.

»Sie wollen doch wohl nicht im Ernst behaupten, dass Sie zu Fuß gegangen sind. Sie sind doch mit einer Droschke oder wenigstens mit dem Bus gefahren?«

»Nein, ich bin wirklich zu Fuß gegangen!«

»Den ganzen Weg von Soho nach Farringdon Street, und dann Snow Hill hoch bis nach Cheapside . . .!?«

»Ja, Sir.«

Der Arzt konnte es nicht fassen. Es war einfach unglaublich, dass jemand, der nach einer langen Krankheit so sehr geschwächt war, allein diesen weiten Weg durch Londons belebte Straßen zurücklegen konnte, ohne einen Rückfall zu erleben. Nun hörte der Arzt gespannt zu, und Hudson erzählte ihm von dem glücklichen Ausgang in der Reederei, dass er das Geld tatsächlich bekommen habe, und dass es ihm nun deshalb möglich sei, alle Rechnungen zu begleichen. Und weil er, der Arzt, sich nur das Chinin habe bezahlen lassen, blieb noch genug übrig, um nach Hause zu fahren.

Die unverhohlene Freude und die überzeugende Art, in der Hudson seine Geschichte erzählte, rührten das Herz des älteren Mannes. Dieses praktische Vertrauen auf einen Gott, den man weder sehen noch hören kann, war völlig neu für ihn. Als er das leuchtende Gesicht des jungen Mannes sah, wurden ihm die Augen feucht, und mit bewegter Stimme sagte er:

»Ich würde alles in der Welt dafür geben, wenn ich einen solchen Glauben hätte wie Sie.«

»Sie können ihn bekommen, Sir«, antwortete Hudson ruhig. »Jeder darf so glauben und Gott vertrauen – jeder, ohne Ausnahme.«

4. Wieder zu Hause

Die Postkutsche holperte über das Kopfsteinpflaster von Barnsley und hielt schließlich auf dem Marktplatz. Endlich war Hudson am Ziel. Er sah abgespannt und mitgenommen aus nach der langen und anstrengenden Reise. Nun aber war er wieder zu Hause! Eine große Freude erfüllte ihn. Alles war ihm so vertraut. Der energische und doch herzensgute Vater und die liebevolle Mutter – ihm zu Ehren trug sie ein frisches Spitzenhäubchen – hießen ihn herzlich willkommen.

Wie schön war es, später einen Bummel durch das Städtchen zu machen. Hier und da wurde er von einem Freund begrüßt. Alle freuten sich, ihn zu sehen und wollten gern Neuigkeiten aus der weit entfernten Metropole hören.

Hudson war immer noch durch seine lange Krankheit geschwächt und brauchte Ruhe und Erholung, und nirgends hätte er sie besser finden können als daheim. An den Abenden saß er zufrieden in dem gemütlichen Wohnzimmer am Kamin und freute sich an der vertrauten Einrichtung, mit der so manche glückliche Erinnerung verbunden war. Welche Begebenheiten wurden allein schon beim Anblick des großen, stabilen Wohnzimmertisches wieder lebendig! Einmal hatte er dort als kleiner Junge in seinem besten Samtanzug zusammen mit einer Reihe von Gästen gesessen. Gebannt hatte er seiner Mutter zugeschaut, wie sie eine herrliche Apfeltorte in Stücke geschnitten und sie dann an die Gäste gereicht hatte. Jeder hatte ein Stück bekommen, nur ihr kleiner Sohn nicht. Der hatte wohlerzogen dagesessen und hatte vergebens auf sein Stück Torte gewartet. Langsam hatte er begriffen,

30

dass ihn seine Mutter wohl übersehen hatte. Ihm war aber eingetrichtert worden, bei Tisch auf keinen Fall um etwas zu bitten! Was dann passierte, ging in die Familiengeschichte ein und wurde später noch oft erzählt. Als nämlich eine Pause in der Unterhaltung eintrat, hörte man eine kleine Stimme:

»Mama, meinst du, dass Apfeltorte schädlich ist für kleine Jungen?«

An demselben Tisch hatte er auch Tag für Tag seine Lektionen gelernt, die ihm der Vater aufgegeben hatte. Von ihm war er nämlich bis zu seinem elften Lebensjahr unterrichtet worden. Dann erst war er in eine öffentliche Schule gekommen. Der Unterricht bei seinem Vater hatte Hudson zwar viel besser gefallen, trotzdem wurde er in der Schule bald ein hervorragender Schüler.

Ja, sein Vater! . . . Er hatte etwas so Gerades und Gesundes. Seine Vorstellungen von Gut und Böse, von Zucht und Ordnung, waren klar umrissen und einleuchtend. Hudson hatte gelernt, pünktlich zu sein, lange bevor er sich nach der Schulglocke richten musste. Wehe, wenn er nicht rechtzeitig mit gewaschenen Händen und gekämmtem Haar zum Essen kam!

»Wenn fünf Leute eine Minute warten müssen, dann sind fünf wertvolle Minuten verloren«, pflegte sein Vater dann gewöhnlich zu sagen und fügte ernst hinzu: »Fünf Minuten, die unwiederbringlich verloren sind!« Das war logisch, und die Kinder verstanden den Vater.

»Du musst lernen, dich immer schnell anzuziehen«, war ein anderer Grundsatz. Auch für diese Mahnung hatte der Vater einen plausiblen Grund: »Du wirst dich nämlich dein ganzes Leben lang mindestens einmal täglich anziehen müssen!« Auch das war einsichtig und verständlich.

Wenn Hudson nun so dasaß in seinem behaglichen Zuhause und bei all diesen Erinnerungen vor sich hin lächelte, dann tat er es mit jener Erheiterung, mit der sich Kinder eben an die Eigenheiten ihrer Eltern erinnern.

Die erste Bemerkung, die Hudson über China hörte, stammte von seinem Vater. Damals war er etwa fünf Jahre alt. Er konnte sich noch ganz deutlich erinnern, wie sein Vater leidenschaftlich ausgerufen hatte:

»Warum schicken wir denn keine Missionare nach China? Es würde sich doch lohnen bei diesen intelligenten Menschen und bei der Bevölkerungsdichte!« Und nun – fünfzehn Jahre später – war Hudson selbst im Begriff, dorthin zu gehen.

In den Wochen zu Hause, in denen ihm viel Zeit zum Nachdenken blieb, bewegten sich seine Gedanken oft um seinen »Ruf«. Es gab für Hudson keinen Zweifel, er hatte den klaren Auftrag, in China als Missionar zu arbeiten. »Geh für mich nach China!« – Nie würde er die Nacht vergessen können, als er deutlich und unmissverständlich diesen göttlichen Auftrag bekam.

Nur ein einziges, anderes Erlebnis hatte sich ihm ebenso tief eingeprägt. Jener Nachmittag nämlich, an dem sich für ihn in dem alten Lagerschuppen das Leben so einschneidend veränderte.

Damals war er erst sechzehn Jahre alt, und doch war er schon mit seinem Leben unzufrieden. Wie langweilig war es doch, zu Hause zu wohnen und seinem Vater im Geschäft zu helfen. Nicht, dass er seine Eltern nicht geliebt hätte – nein, aber er fand ihre ganze Lebensform unbefriedigend. Feste, Partys oder Bälle gab es nicht für sie. Ganz zu schweigen von Jagden, die Hudson so gern einmal miterlebt hätte. Die Eltern zogen es vor, in der Kirche geistliche

Lieder zu singen, und Hudson ging gezwungenermaßen mit, fand das Ganze aber sehr lästig und langweilig. Er gab sich zwar Mühe, diesen Kirchgängen etwas abzugewinnen, aber es gelang ihm nicht. Er wünschte sich, einmal in einem großen Haus mit viel Dienstpersonal zu wohnen, und so viel und so oft wie möglich Feste zu feiern und auf Jagd zu gehen. Außerdem hätte er zu gern schnelle Pferde besessen – Motorräder und Autos gab es ja damals noch nicht! All diese Wünsche würden aber wohl niemals in Erfüllung gehen, und so war er eben unzufrieden – auch an dem bewussten Sonntagnachmittag, als er ins Wohnzimmer ging, um sich etwas zur Beschäftigung zu suchen.

Er öffnete den Bücherschrank, fand dort aber nichts, was ihn interessiert hätte. Deshalb ging er zu einem Stapel kleiner Broschüren und fischte sich ein Heftchen heraus.

»Ich kann mir schon denken, was da drin steht«, dachte er. »Es wird mit einer interessanten Geschichte anfangen und dann mit einem frommen Schluss enden. Ich werde jedoch nur die interessante Geschichte lesen und mir die Moral am Ende ersparen.« Er nahm das Heftchen und ging damit ins Lager um es dort ungestört lesen zu können. So setzte er sich zwischen alte Kisten und abgestellte Flaschen und begann mit seiner Lektüre.

Hudson konnte nicht ahnen, dass seine Mutter gerade zu diesem Zeitpunkt vor ihrem Bett kniete und mit ungewöhnlichem Ernst für ihn betete. Er konnte auch nicht wissen, dass seine Schwester Amelia seit sechs Wochen dreimal täglich für ihren Bruder betete, damit er seine Meinung über Gott ändern würde. Denn wie Hudson seiner Schwester gesagt hatte, war er sich nicht sicher, ob an der Sache mit Gott wirklich etwas dran sei. Das Resultat dieser Zweifel und Fragen war eine anhaltend schlechte Laune. Er war nicht einmal sicher, ob es überhaupt einen Gott gibt. Amelia, die von ganzem Herzen an Gott glaubte, war entsetzt. Sie musste jedoch bald erkennen, dass ihre Argumente, so einleuchtend sie ihr selbst auch schienen, ihren Bruder nicht überzeugen konnten. Sie kam deshalb zu dem Schluss, dass nur Gott selber Hudsons Sinn ändern konnte. Deshalb entschloss sie sich, dreimal täglich für ihn zu beten, solange bis etwas geschehen würde. Und das tat sie wirklich.

Von alledem hatte Hudson keine Ahnung, als er in dem Lagerraum mit dem Lesen begann. Und ausgerechnet dieses kleine Heftchen sollte in seinem Leben den Ausschlag geben und seine ganze Weltanschauung verändern. Ganz plötzlich und unerwartet traf ihn die Erkenntnis, dass alles, was er von klein auf von Gott und von Jesus Christus gehört hatte, die volle Wahrheit war: Gott ist Realität! Jesus Christus ist Gottes Sohn! Er ist auferstanden und lebt! Jesus meint jeden Menschen persönlich – auch ihn, Hudson Taylor in dem Lagerraum! Er ist für die Sünden der ganzen Welt gestorben – und somit auch für Hudsons Sünden! Jesus hat allen, die an ihn glauben, ewiges Leben versprochen. Er hört alle Gebete und ganz bestimmt auch die von Hudson Taylor! Wie war es nur möglich, dass ihm das alles jetzt erst so klar wurde? Ihm war ungefähr so zu Mute, als hätte er stundenlang über einer Mathematikaufgabe gebrütet, vergeblich nach der Lösung gesucht und sie dann schlagartig gefunden. Nur war das, was er jetzt erlebte, weit stärker und machte ihn überglücklich.

Dreieinhalb Jahre waren vergangen, und Hudson saß zufrieden am prasselnden Feuer. Er wusste es ganz sicher: Sein Erlebnis mit Gott war wirklich und von Dauer. Die Jahre seit jenem Juni-Nachmittag waren zwar nicht leicht und bequem gewesen. Im Gegenteil, sie brachten Versuchungen und Anfechtungen, die ihm vorher unbekannt gewesen waren. Nie aber hatte er das beglückende Bewusstsein verloren, Abenteuer in einem unsichtbaren Königreich zu erleben. Die Spannung, die er empfand, als Gott ihn auf unerforschten Wegen führte, die er allein nie entdeckt hätte, erschien ihm unvergleichlich größer und dramatischer, als sein früherer Wunsch, einer Meute Jagdhunde nachzugaloppieren und das Wild aufzuspüren.

Und er hatte auch das Geheimnis entdeckt, wie er mit seiner Schuld fertig werden konnte. Er tat einfach das, wovon er aufgrund der Bibel wusste, dass es richtig war, und wenn er doch in irgendetwas hineingeschliddert war, dann bekannte er es einfach Gott, der doch versprochen hat, die Schuld zu vergeben, die man ihm bekennt. Ja, ganz gewiss, sein Erlebnis mit Gott war wunderbar und hatte Bestand.

Die Wochen zu Hause in Barnsley vergingen wie im Fluge, und Hudsons Gedanken waren schon wieder in London. Der Abschied war schmerzlich für ihn. Er wusste aus Erfahrung, was es hieß, ohne die Hilfe und den Trost Gleichgesinnter in einer fremden Stadt zu leben. Aber es musste sein, denn er wollte stark und selbstständig werden. Missionsarbeit erfordert Männer und keine verhätschelten Schwächlinge. Und Hudson, der von klein auf schwächlich war, wollte unbedingt Missionar werden. Deshalb galt es für ihn im wahrsten Sinne des Wortes, ein »richtiger Mann« zu werden.

Seine Eltern waren – nicht zu Unrecht – entschieden dagegen, dass sich Hudson in London weiterhin mit seiner Diätkost, bestehend aus Äpfeln, Schwarzbrot und Wasser, ernährte. Sie hatten die größten Zweifel und Bedenken, ob er bei dieser Lebensweise überhaupt gesund blieb, geschweige denn ein kräftiger Mann würde.

Hudson ließ schließlich in diesem Punkt mit sich reden, und es wurde vereinbart, dass er nicht mehr in der früheren Pension in Soho wohnen sollte, in der er selbst für seine Verpflegung sorgen musste. Er sollte sich lieber eine Stelle als Assistenzarzt suchen, bei der er Familienanschluss hatte. So geschah es dann auch.

Morgens nahm er an den Vorlesungen im Krankenhaus teil, assistierte dann von mittags bis ungefähr neun Uhr abends dem Arzt, bei dem er wohnte, und in der übrigen Zeit lernte er für seinen Medizinkurs.

Es war ein anstrengendes Leben, aber Hudson war glücklich. Die gute Verpflegung und seine nette Unterkunft gefielen ihm. Und während der folgenden sechs Monate, die er noch in der Heimat verbrachte, eignete er sich nicht nur medizinische Kenntnisse an, sondern erlebte erneut Beweise dafür, dass Gott sich aller Dinge annimmt um die man ihn bittet.

5. Sturm auf hoher See

Die Gangway wurde eingeholt. Das Schiff setzte sich in Bewegung und verließ langsam und ruhig den Hafen. Hudson stand allein an Deck und winkte der kleinen Gruppe an Land zu, die zum Abschied nach Liverpool gekommen war. Seine Augen waren besonders auf seine Mutter gerichtet. Liebe, gute, tapfere Mutter! Sie hatte sich solche Mühe gegeben, standhaft zu bleiben, aber unten in der Kajüte hatten sie die Tränen doch überwältigt. Hudson war dazugekommen, wie sie weinend das Bettzeug auf seiner Koje glattstrich. Vorhin, nachdem sie sich endgültig verabschiedet und das Schiff verlassen hatte, ließ sie sich auf einen alten Holzblock am Kai fallen, und wieder konnte sie sich ihrer Tränen nicht erwehren. Hudson war noch einmal die Gangway heruntergerannt und hatte sie aufmunternd umarmt.

»Wein doch nicht, Mutter, bitte!« hatte er gesagt. »Es ist doch nicht für immer. Wir sehen uns doch wieder . . .« Aber er musste zurück an Bord. Die Reise sollte losgehen. Er musste sich von seiner Mutter losreißen! Sie war jetzt aufgestanden – ihre weiten Röcke wehten im Wind – und winkte mit dem Taschentuch. Hudson kletterte an der Takelage hoch, um noch besser sehen zu können. Dort, zwischen den schwingenden Seilen, hielt er sich mit einer Hand fest, und mit der anderen winkte er schwungvoll mit seinem Hut. Vielleicht würde das seine Mutter aufheitern, dachte er. Hoch über seinem Kopf bewegten sich die Segel und die Masten knarrten. Langsam aber sicher bewegte sich das Schiff auf das Schleusentor zu. Seine Mutter wurde kleiner und kleiner, und ihr weißes Taschentuch war nur noch ein Punkt.

Da – hatte er eben nicht einen Schrei gehört? War das nicht seine Mutter gewesen? Das Schiff war aber schon zu weit weg. Er konnte die Menschen am Hafen nicht mehr erkennen. Gerade fuhr das Schiff durch die Schleusen auf das offene Meer zu und trug ihn fort in das ferne, unbekannte Land: China! Es gab kein Zurück mehr. Die ganze Qual der Trennung fuhr Hudson durchs Herz wie ein Messer. Was bedeutete doch für seine Mutter dieses Loslassen! Sie litt darunter noch viel mehr als er. Hudson schluckte heftig.

Das Schiff fuhr schneller, und er konnte den Hafen nicht mehr erkennen. Langsam kletterte er zurück an Deck, aber der Schrei, den er meinte gehört zu haben, klang ihm immer noch im Ohr. Und dann wurde ihm etwas ganz neu bewusst. Wenn es für seine Mutter schon so viel bedeutete, ihren Sohn für China freizugeben, wie viel mehr musste es dann Gott gekostet haben, sich von seinem Sohn zu trennen, um ihn auf Erden für die Sünden der Menschen sterben zu lassen. War Jesus nicht »sein eingeborener Sohn«? Irgendwie brachte ihn der Schmerz des Abschieds und der Trennung näher zu Gott. Auf einmal verstand er besser, was mit der Liebe Gottes gemeint war. Auch Gott hatte sein Liebstes hergegeben. Als er zu seiner Kajüte hinunterging, fühlte er sich nicht mehr allein mit seinem Kummer. Er spürte deutlich die tröstende Gegenwart Gottes.

Hudson Taylor war der einzige Passagier auf der »Dumpfries«, einem kleinen Segelschiff von nur 470 Tonnen. Man hatte ihm gesagt, dass es fünf bis sechs Monate dauern würde, bis sie endlich in Shanghai ankämen. 1853 gab es noch keinen Suez-Kanal als Abkürzung zum Fernen Osten. Das kleine Schiff musste sich auf seiner üblichen Route von Liverpool nach Shanghai den Weg um das Kap der Guten Hoffnung bahnen und würde nicht selten den Taifunen des Pazifik ausgesetzt sein, bevor es seinen Bestimmungshafen endlich erreichte. Eine lange und nicht ungefährliche Seereise stand Hudson also bevor. Und schon während der ersten Tage erlebte er auf der »Dumpfries« so viel Aufregung, dass es für den Rest der Reise eigentlich gereicht hätte.

Sobald sie in die Irische See einfuhren, gerieten sie in einen Sturm, und tagelang wurde die »Dumpfries« vom Wind wie eine Nussschale hin- und hergeworfen. Nie zuvor hatte Hudson etwas Ähnliches erlebt, und er nahm Abschied von allen romantischen Vorstellungen, die er bisher vom Seemannsleben gehört hatte. Das Inholz krachte und ächzte. Das Seewasser drang in die Kajüten ein. Die Kleidung wurde feucht und klebrig von dem Salzwasser. Von Stunde zu Stunde schien sich der Sturm noch zu steigern, bis sich die Wellen am Sonntagnachmittag haushoch türmten.

Hudson erkämpfte sich den Weg bis auf das Deck, klammerte sich an der Schiffswand fest und schaute auf das wild tobende Meer. Die weiß schäumenden Wellen rollten donnernd heran, eine nach der anderen. Es sah aus, als wollten die Brecher wie furchtbare Klippen über der »Dumpfries« zusammenschlagen, die in dem Wellental hin- und herwirbelte. Gerade als das Schiff begraben zu werden drohte, legte es sich gefährlich auf die Seite und wurde von einem neuen Wellenberg hochgerissen, um wenig später wieder in die Tiefe zu stürzen. Auch den andern Schiffen erging es nicht besser. Hilflos waren sie alle dem Wind und dem Wasser preisgegeben, und vielleicht würden sie ohnmächtig miterleben müssen, dass die Wellen die Schiffe gegeneinander prallen ließen, und es eine entsetzliche Kollision gab.

Hudson rutschte auf dem nassen Deck. Auch der Kapitän neben ihm mühte sich um einen festen Halt. Niemals habe er die See wilder gesehen, sagte er zu Hudson, und sein Gesichtsausdruck konnte die Angst nicht leugnen.

»Wenn Gott uns nicht hilft«, sagte er ernst, »dann sind wir verloren.«

»Wie weit sind wir denn von der walisischen Küste entfernt?«, fragte ihn Hudson. Die walisische Küste ist gefährlich und gefürchtet, weil dort die Felsen weit in das Meer hineinragen!

»Fünfzehn oder sechzehn Meilen«, antwortete der Kapitän. »Aber wir werden auf die Küste zugetrieben, weil der Wind von Westen kommt. Wir müssen mehr Segel setzen. Nur die Segel können uns vor dem Abtreiben bewahren. Gott gebe es, dass die Masten mitmachen . . . .«

Was würde wohl passieren, wenn sie unter dem Druck des Windes zerbrächen?

Doch sie hatten keine andere Wahl, sie mussten das Risiko auf sich nehmen. Es ging um Leben oder Tod. Der Kapitän ordnete deshalb an, dass zwei weitere Segel gehisst werden sollten.

Das Schiff schaukelte noch mehr, als der Wind nun in die Segel fuhr. Es legte sich ganz auf die Seite, und einige Wellen gingen direkt über die Reling hinweg. Der Abend kam, und die Sonne ging hinter einer Wolkenwand unter. Hudson beobachtete diesen Sonnenuntergang mit gemischten Gefühlen.

»Vielleicht habe ich die Sonne jetzt zum letzten Mal gesehen«, dachte er düster. »Wenn kein Wunder geschieht, dann wird morgen, wenn die Sonne wieder aufgeht, nur ein bisschen Strandgut von uns übrig geblieben sein . . .«

Das Herz wurde ihm schwer. Was für ein Schmerz würde es für seine Familie sein, wenn er ertrinken müsste. Und das ganze Geld, das seine Missionsgesellschaft, die »Chinese Evangelisation Society«, für seine Ausrüstung und Überfahrt bezahlt hatte, wäre auch verloren. Und wie schrecklich musste es sein, in dem tobenden Wasser verzweifelt ums nackte Leben zu kämpfen und am Ende doch ein Raub der Wellen zu werden. Ein furchtbarer Gedanke! Hudson schüttelte sich.

Plötzlich fühlte er sich sehr einsam und verlassen in der hereinbrechenden Dunkelheit bei dem dröhnenden Wind und der hochgepeitschten Gischt, die ihm bis ins Gesicht spritzte. Er tastete sich an der Wand entlang und stieg hinunter in seine Kajüte. Dort nahm er sein Liederbuch und seine Bibel, setzte sich auf seine Koje und begann zu lesen.

»Euer Herz erschrecke nicht. Glaubet an Gott, und glaubet an mich . . .« Von diesen vertrauten Worten ging ein großer Friede aus und Hudson wurde ruhiger. Er las weiter, und nach einer Weile waren seine Augen von dem Lesen bei dem trüben Licht der hin- und herschaukelnden Lampe so müde geworden, dass sie ihm zufielen, und er auf seiner Koje einschlief.

Als er aufwachte, war es fast Mitternacht. Noch immer schwankte das Schiff heftig, der Wind tobte ununterbrochen, und die Brecher donnerten pausenlos heran. Wie weit mochten sie noch von der Küste mit den tückischen Felsen entfernt sein?

Hudson ging wieder auf Deck. Inzwischen schien der Mond. Hudson blickte über das aufgewühlte Meer. Deutlich sah er einen Leuchtturm. Das konnte nur der Holyhead Leuchtturm sein, der sein warnendes Licht den Schiffen zublinkte um sie vor der gefährlichen Küste zu warnen. Holyhead? Das bedeutete die Felsen in unmittelbarer Nähe . . .

»Kommen wir an den Klippen vorbei?«, schrie Hudson dem Kapitän zu. Der Wind war so laut, dass seine Stimme fast nicht zu hören war.

»Wenn wir nicht mehr zu stark abtreiben, könnten wir es schaffen«, brüllte der Kapitän zurück. »Wenn wir aber weiter abgedrängt werden, dann gnade uns Gott . . .«

Und sie trieben weiter ab. Hilflos mussten sie zusehen, wie sie dem Leuchtturm immer näher kamen. Wie lange würde es bei dieser Abdrift dauern, bis das Schiff an den Klippen zerschellte?

»Wie viel Zeit haben wir noch?«, fragte Hudson den Kapitän. Die Antwort war niederschmetternd: »Keine zwei Stunden mehr . . .«

Hudson ging wieder hinunter in seine Kajüte. Tränen kamen ihm in die Augen, als er an seine Eltern und seine Schwestern dachte. Ob er sie auf dieser Erde noch einmal wiedersehen würde? Wie furchtbar musste es für sie sein, die Nachricht vom Untergang des Schiffes zu bekommen. Er nahm sein Notizbuch zur Hand, riss ein Blatt heraus und schrieb sorgfältig seinen Namen und seine Heimatadresse darauf. Den Zettel steckte er in seine Brusttasche. So würde er wenigstens identifiziert werden können, wenn sein Körper gefunden werden sollte. Nach dieser Vorkehrung sah er sich um und überlegte, ob ihn nicht irgendetwas vor dem Ertrinken retten könnte. Er wollte die Hoffnung zu überleben noch nicht ganz aufgeben. Sein Blick fiel auf eine Kiste, von der er annahm, dass sie schwimmen würde. Er beschloß, sie mit an Deck zu nehmen und sich fest daran zu klammern, wenn das Schiff untergehen sollte. Dann packte er noch ein paar Sachen in die Kiste, die er dringend brauchte, wenn er diese Hölle überleben sollte, und kämpfte sich in dem schaukelnden Schiff hinauf zum Deck.

Die ganze Zeit über betete Hudson in seinem Innern. Zwar waren seine Gebete zusammenhanglos, weil sein Inneres in Aufruhr war. Und doch war seine ständige Bitte, dass Gott, sein Vater, ihn doch retten möchte. Er schaute wieder aufs Meer, und in dem fahlen Mondlicht sahen die schäumenden Wasser noch weißer aus. Nur ein paar hundert Meter vor ihnen war das Land zu erkennen.

Hudson wunderte sich, dass die Rettungsboote noch nicht heruntergelassen wurden. Er fragte den Kapitän danach.

»Bei diesem Seegang hat das keinen Zweck«, antwortete dieser kurz.

»Könnten wir nicht ein paar Rundhölzer zusammenbinden und ein Floß daraus machen?«, fragte Hudson weiter.

»Dazu ist es zu spät . . .« Plötzlich sprang der Kapitän auf, als wäre ihm ein guter Gedanke gekommen.

»Wir müssen versuchen, das Schiff zu drehen. Wir müssen gegen den Wind nach Backbord kreuzen, oder alles ist verloren!«, rief er. Sie schienen geradewegs auf das Land zuzuhalten, das vor ihnen lag. »Wir müssen es versuchen . . . Vielleicht schlägt dabei die See über dem Schiff zusammen und begräbt alles unter sich . . . aber es bleibt uns keine andere Wahl!« Dann gab der Kapitän seinen Befehl. Der Versuch, das Schiff mit dem Heck nach Backbord zu drehen, scheiterte. Die Gewalt des Windes und der Wellen war zu groß.

Mit dem Mut der Verzweiflung drehte der Kapitän das Schiff mit dem Bug zur Seite. Bei diesem Manöver kamen sie den Felsen zwar noch näher, aber mit dem verstärkten

Wind in den Segeln konnten sie vielleicht doch mit knapper Not an diesen furchtbaren Klippen vorbeikommen. Alle starrten in die brodelnde Gischt, die gegen die nahen Felsen schlug und hoch in die Luft spritzte. Würde das Schiff den Kurs halten können, oder würde es noch weiter abtreiben? Inzwischen waren sie bis auf etwa zwei Schiffslängen an die Küste herangekommen. Und wenn das kleine Schiff noch weiter abtrieb, würde es in wenigen Augenblicken furchtbar krachen. Atemlos und gebannt sah Hudson zu den Klippen hinüber. Das Schiff wurde von der Brandung auf und nieder gerissen. Nun war der entsetzliche Augenblick gekommen! Nun würden sie gegen die Felsen geschleudert werden und zerschellen! Nein . . . sie kamen ganz knapp daran vorbei – und schon hatten sie den am weitesten ins Meer ragenden Felsvorsprung hinter sich gelassen! Nur langsam löste sich die Spannung bei den Männern auf der »Dumpfries«. Jetzt galt es, alles daranzusetzen um in das offene Meer zu kommen. Bloß weg von der gefährlichen Küste! Vielleicht hatten sie das Schlimmste überstanden!

Und dann passierte es. Ein Wunder geschah! Der Wind, der bisher so erbarmungslos gegen sie war, drehte sich zu ihren Gunsten. Zwar war der Richtungswechsel nur ganz minimal, aber es reichte aus um sie von der Küste wegzubringen.

Als die Sonne am Montag aufging, strahlte sie nicht – wie Hudson befürchtet hatte – auf das angeschwemmte Treibgut eines zerschellten Schiffes, sondern auf die kleine »Dumpfries«, die aufgetakelt schon weit auf dem offenen Meer segelte.

6. Ankunft in China

Nach den Aufregungen und Gefahren der ersten Tage war Hudson wirklich sehr froh, als das Schiff in ein ruhigeres und wärmeres Klima kam. So konnten endlich seine Sachen, die vom Salzwasser durchtränkt waren, trocknen.

Die Reise führte durch den Atlantik an der Küste von Westafrika entlang und dann durch den Indischen Ozean. Später fuhren sie in einer Entfernung von nur 120 Meilen an Australien vorbei, und dann ging es durch die Meerengen zwischen den Inseln von Südostasien, bis sie schließlich den Pazifik erreichten.

Aus den Wochen wurden Monate, in denen die kleine »Dumpfries« auf den Ozeanen der Welt segelte. Es war zwar hübsch, palmenbewachsene Inseln am Horizont zu sehen oder fliegende Fische zu beobachten, aber allmählich wurde die Reise doch ermüdend und langweilig. Inzwischen waren fast fünf Monate vergangen, seit Hudson in Liverpool an Bord gegangen war. Er kannte bereits jedes einzelne Tau und jede einzelne Planke an Deck der »Dumpfries«. Wie herrlich würde es sein, den Fuß wieder auf trockenes Land zu setzen!

Doch es sollte noch einen knappen Monat dauern, bis die »Dumpfries« bei Gutzlaff Island vor Anker ging, um auf den Lotsen zu warten, der sie durch die weite Flussmündung des Jangtse nach Shanghai bringen sollte.

Der strahlende Himmel und die blauen Wasser der wärmeren Klimazonen lagen hinter ihnen. Hier war es kalt und unfreundlich. Dicker Nebel hing über dem trüben Wasser des mächtigen Jangtse.

Hudson hätte zu gern schon etwas von dem Land – dem Ziel seiner Reise – gesehen. Er kniff die Augen zusammen, aber der Nebel war zu dick, als dass er die lange, flache Küste hätte erkennen können. Er konnte nur schwach die Umrisse einiger anderer Schiffe erkennen. Fremd und seltsam sahen sie aus, diese riesigen Einmaster mit dem eigenartig geschwungenen Rumpf. Das ganze Tauwerk war unverkennbar chinesisch – es waren typische, chinesische Dschunken. Genauso sahen die Schiffe in seinem Buch über China aus, das er zu Hause in Barnsley so oft studiert hatte. Nun sah er sie mit eigenen Augen, und während Hudson noch an der Reling stand, kam eins der Schiffe so nahe heran, dass er die Männer an Bord erkennen konnte. Sie trugen lose, grobe, blaue Jacken und Hosen. Ihre Haut hatte die Farbe von vergilbtem Pergament. Ihre Augen waren dunkel und ihr langes, dünnes Haar war hinten in einem Zopf zusammengehalten – es waren Chinesen! Zum ersten Mal in seinem Leben sah Hudson Menschen jener großen Rasse, zu der Gott ihn geschickt hatte, und bei denen er sein weiteres Leben verbringen würde. Er verstand kein einziges Wort, das die Männer sprachen, und ihre seltsam ausdruckslosen Gesichter wirkten auf Hudson verschlossen. Wie würde er sich mit ihnen verständigen können? Wo würde er wohl wohnen, wenn er in dieser fremden Welt an Land ging? Wie würde er überhaupt etwas zu essen bekommen, wenn er nicht sagen konnte, was er haben wollte! Hudson ging an Deck auf und ab und stellte sich all diese Fragen, bis er plötzlich aus seiner Träumerei herausgerissen wurde.

»Der Lotse! Der Lotse kommt an Bord!«, rief jemand. War das eine Aufregung! Zum ersten Mal nach fast sechs Monaten kam ein Engländer, ein Landsmann, zu ihnen aufs Schiff und brachte Neuigkeiten aus aller Welt mit. Jeder der Besatzung kam an Deck um ihn zu begrüßen. Und was für Neuigkeiten überbrachte der Lotse! In den langen Monaten, in denen sie die Weltmeere überquert hatten, und in denen sie völlig von der Außenwelt abgeschnitten waren, hatte es in Europa Unruhen und schließlich Krieg gegeben.

Auch in China war Krieg ausgebrochen – Bürgerkrieg. Große Rebelleneinheiten rückten im Süden gegen die kaiserlichen Armeen vor, die vom Norden kamen. Und was Hudson am meisten berührte, war die Nachricht, dass auch Shanghai zum Kriegsschauplatz gehörte. Die Rebellen hielten die Stadt besetzt, die von einer ungefähr 50.000 Mann starken kaiserlichen Armee belagert wurde. Nahrungsmittel gab es nur zu horrenden Preisen, und auch der Wechselkurs war enorm gefallen. Früher bekam man für ein englisches Pfund fünf chinesische Yüan, jetzt jedoch nur noch drei!

So war es gar nicht verwunderlich, dass Hudson am nächsten Tag mit sehr gemischten Gefühlen an Land ging, und seinem »Führer« durch das Gewühl schreiender Kulis zum Britischen Konsulat folgte. Nun war er wirklich und tatsächlich in China! Es war aufregend! Aber je länger sie sich den Weg durch das Gedränge bahnten, umso deutlicher wurde sich Hudson der Schwierigkeiten bewusst, die unweigerlich auf ihn zukamen. Niemand erwartete ihn, er hatte keinen einzigen Freund in dem riesigen Shanghai und besaß nur wenig Geld. Zwar hatte er drei Empfehlungsschreiben an Leute, die in Shanghai wohnten, und dort wollte er erste Kontakte aufnehmen. Darüber hinaus wusste er jedoch im Augenblick nicht, was er noch tun konnte.

Als er auf dem Konsulat nach der ersten Adresse fragte, musste er hören, dass der betreffende Mann vor ein oder zwei Monaten gestorben war. Das zweite Schreiben war an eine Familie gerichtet, die inzwischen nach Amerika zurückgekehrt war. Nur mit der dritten Adresse hatte Hudson mehr Glück. Dieses Empfehlungsschreiben hatte er von fast unbekannten Leuten in England bekommen. Es handelte sich um die Londoner Missionsgesellschaft. Was mochten ihn dort für Überraschungen erwarten? Mit bangem Herzen machte sich Hudson auf den Weg zu der Missionsgesellschaft.

Er ging durch Straßen, die immer enger wurden. Die bogenförmigen Dächer, die überhängenden Balkons, die winzig kleinen, dunklen Geschäfte mit den zierlichen Schriftzeichen – alles, wohin er blickte, war so fremd für den jungen Burschen aus England. Und überall waren dicht gedrängt Menschen – dunkeläugige, rätselhafte, verschlossene Chinesen. Die Kulis hatten ein Tragholz über die Schulter, und zu beiden Seiten hingen große Körbe herunter. Während sie sich mit ihrer Last durch das Menschengewühl kämpften, stießen sie singende Warnlaute aus. Männer mit dem obligatorischen Zopf saßen müßig vor ihren Läden oder in den offenen Restaurants, die sich in den engen Straßen aneinander reihten. Straßenverkäufer versuchten das an ihren tragbaren Ständen dampfende und duftende Essen zu verkaufen. Hin und wieder drängte sich die Menge an die Seite, um einer Sänfte Platz zu machen, die von Kulis getragen wurde. Sobald sie aber vorüber war, füllten sich die engen Straßen sofort wieder mit Menschen.

Später gewöhnte sich Hudson an dieses Treiben und Drängen genauso wie an den Marktplatz seiner Heimatstadt; an diesem Tag aber, seinem ersten in China, kam ihm alles unwirklich, ja unheimlich vor. Als er endlich das Missionsgrundstück erreichte, war er sehr erleichtert, obwohl sich seine Bangigkeit vor dem, was ihm nun bevorstehen mochte, noch verstärkte.

An dem großen Tor vor dem eingezäunten Missionsgebäude verbeugte sich ein chinesischer Pförtner mit verschränkten Armen vor dem jungen Europäer.

»Was wünschen Sie, Herr?«

Hudson holte das Empfehlungsschreiben aus der Tasche und fragte nach Dr. Medhurst.

»Doktor nicht zu Hause. Doktor weg!« Der Pförtner verbeugte sich wieder respektvoll und schien die Sache für erledigt zu halten.

»Wo ist er denn?« fragte Hudson. Aber der Pförtner hatte mit seinen paar Brocken offensichtlich seine Englischkenntnisse schon völlig erschöpft. Er verstand Hudson beim besten Willen nicht.

Das war wahrhaftig eine missliche Lage! Es war schon Abend, und bald würde es dunkel sein. Was sollte Hudson allein in dieser fremden Stadt anfangen, ohne ein Wort chinesisch zu kennen? Noch einmal versuchte er, sich dem Pförtner verständlich zu machen, aber wieder ohne Erfolg. Gerade war er drauf und dran, aufzugeben, als er auf dem Missionsgrundstück einen jungen Mann sah, der offensichtlich Europäer war. Schnell machte sich Hudson bemerkbar.

»Mein Name ist Edkins«, sagte der junge Mann freundlich, der sofort zum Tor gekommen war. »Dr. Medhurst ist nicht da, aber sein Kollege. Er wird Ihnen ganz bestimmt gern weiterhelfen. Bitte, kommen Sie herein, nehmen Sie Platz, ich will ihn eben schnell holen . . .«

So kam es schließlich, dass Hudson seine erste Nacht in China – nach den vielen Nächten in seiner Koje auf der »Dumpfries« – in einem bequemen, sauberen Bett schlief. In einem großen, luftigen Zimmer im Missionsgebäude konnte er sich ausruhen und brauchte sich keinen Unterschlupf zu suchen bei Menschen, deren Sprache er nicht verstand.

7. Die Fluss-Reise

Inzwischen war über ein Jahr vergangen, seit Hudson in Liverpool mit der »Dumpfries« ausgereist war. Während der ersten Monate nach seiner Ankunft in Shanghai hatte er bei der gastfreundlichen Londoner Missionsgesellschaft gewohnt. Dort war auch ein Chinese angestellt, der Sprachunterricht erteilte. Nach dieser Anfangszeit hatte er die Sicherheit des Internationalen Viertels mit seinen Konsulaten und dem Schutz durch die gut ausgerüsteten europäischen und amerikanischen Wachposten verlassen. Er wohnte nun allein in einem alten, baufälligen Häuschen in der Nähe des Nordtores von Shanghai. Dort hörte er ständig den Kriegslärm und hatte die verheerenden Folgen der Kämpfe dauernd vor Augen. Das Elend um ihn herum erschütterte ihn zutiefst. Ganze Häuser waren dem Erdboden gleichgemacht, viele Menschen waren obdachlos, und nirgends konnte man den Bettlern mit ihrem monotonen Ruf »Hunger! Hunger!« ausweichen. Es war für Hudson auch kein ungewöhnlicher Anblick mehr, Gefangene zu sehen, die an ihrem Zopf zur Enthauptung gezerrt wurden oder Schreie von Gefolterten zu hören.

Hudson hatte gehört, dass die Straßen um das Nordtor von den kaiserlichen Truppen »ausgeräuchert« werden sollten, und deshalb rechnete er jeden Abend damit, vielleicht noch vor Morgengrauen um sein Leben laufen zu müssen. Sein aufgeblasener Rettungsring lag Tag und Nacht griffbereit, denn Hudson wollte, wenn es wirklich hart auf hart kam, in den Fluss springen und ins Internationale Viertel hinüberschwimmen. Dort konnte er sich einigermaßen sicher fühlen, weil die Engländer zu den neutralen Westmächten gehörten, die mit dem Bürgerkrieg nichts zu tun hatten.

Es war schon unheimlich, so ganz allein in den oberen Räumen eines alten Holzhauses zu leben und dauernd durch die kriegerischen Auseinandersetzungen bedroht zu sein. Hudson suchte deshalb oft Trost in seiner Bibel. Wenn er dann betete, legte sich seine Angst. Er spürte Gottes Nähe und konnte plötzlich so ruhig einschlafen wie ein Kind, das die Mutter in den Schlaf wiegt.

Trotz der dauernden Gefahr, der Armut und des Elends, war Hudson hier mitten unter den Chinesen doch glücklicher als im Ausländerviertel. Er freute sich, dass er hier und da den Menschen in ihrem Kummer und Elend zu helfen vermochte. Seine Medizinkenntnisse erwiesen sich als sehr nützlich. Und dann hatte er in der Zwischenzeit auch schon etwas chinesisch gelernt, und das bedeutete, dass er auch schon auf Jesus Christus hinweisen konnte. Zusammen mit einem gläubigen Chinesen richtete Hudson eine kleine Schule für Kinder ein. Sie gingen auch gemeinsam auf die Straßen, verteilten Traktate und sprachen mit den Leuten, wo immer sich eine Gelegenheit ergab. Das war nun die eigentliche Arbeit, für die er sich nach China gerufen wusste.

Wenn Hudson nur für sich allein hätte sorgen müssen, dann hätte er wahrscheinlich der Dinge gewartet, die da kommen würden und sich nicht groß um die näherrückenden Rebellen gekümmert. Aber von seiner Missionsgesellschaft war ihm mitgeteilt worden, dass sie einen neuen Mitarbeiter nach China aussenden würden und Hudson alles für ihn vorbereiten sollte. Es handelte sich um Dr. Parker. Er war schon auf dem Weg nach Shanghai – zusammen mit seiner Frau und drei kleinen Kindern! Eine Familie mit drei kleinen Kindern hier an diesem gefährlichen Ort unterzubringen, war unmöglich. Wenn sich die Situation nicht schnell änderte, dann musste Hudson zurück ins Ausländerviertel und dort alles für die Parkers vorbereiten.

Eines Nachts wurde Hudson durch Donnern und Dröhnen aus dem Schlaf gerissen, und ein seltsames Licht war in seinem Zimmer. Feuer! Irgendwo musste es brennen! Hudson wusste, dass sich hier in den engen Straßen, wo ein Holzhaus am anderen stand, das Feuer schnell ausbreiten würde. Er sprang aus dem Bett und zog sich in Windeseile an. Ein heftiger Wind wehte und verschlimmerte die ganze Lage. Der rote Widerschein in Hudsons Zimmer wurde immer heller. Schnell kletterte Hudson auf das Dach, um zu sehen, wo es eigentlich brannte. Zu seinem Entsetzen stellte er fest, dass das Feuer nur noch einige Häuser entfernt war. Dann hörte er Schüsse, und Hudson sausten die Kugeln um die Ohren. Er kroch sofort zurück und ging in Deckung. Von der Dachluke aus sah er deutlich, wie die Flammen emporzüngelten und wie über den Dächern dicker Qualm aufstieg. Seine Augen blickten wie gebannt zu dem Feuer. Er hörte das Rufen, Klagen und Schreien der Menschen auf der Straße. Er wusste nicht, was machen und flehte nur inständig zu seinem himmlischen Vater, dass er ihm beistehen möchte.

Noch während er betete, fielen die ersten Regentropfen, und bald legte sich auch der Wind. Dann schlug ein Kanonengeschoss auf dem Dach des gegenüberliegenden Hauses ein und Ziegelsplitter landeten vor Hudsons Luke. Hier oben durfte er auf keinen Fall bleiben. Er ging wieder zurück in sein Schlafzimmer. Wie dankbar war er, dass der Regen nur so vom Himmel schüttete. Der Feuerschein wurde immer schwächer. Morgens um fünf Uhr schien die schlimmste Gefahr vorüber zu sein. Hudson kroch noch einmal ins Bett und schlief zwei Stunden, bevor er sein übliches Tagewerk begann.

Schießereien und Gefechte auf seiner Straße waren inzwischen alltäglich geworden, und selbst Hudson war es klar, dass er nicht darum herumkommen würde, für die Parkers und ihre drei Kinder eine Unterkunft im Ausländerviertel vorzubereiten. Dort war es aber sehr schwierig, ein leeres Haus zu finden. Viele Ausländer flüchteten nämlich hierher. Deshalb war Hudson froh, dass er bei der Londoner Missionsgesellschaft wenigstens drei Räume im Obergeschoss mieten konnte. Es wurde auch höchste Zeit, denn zwei Tage später trafen die Parkers schon ein. So musste Hudson mit seinen zweiundzwanzig Jahren und acht Monaten China-Erfahrung schon voll verantwortlich für eine fünfköpfige Familie sorgen!

Die Parkers hatten sich glücklicherweise von vornherein auf Unannehmlichkeiten und Schwierigkeiten eingestellt. Das war nur gut, denn schon bald mussten sie feststellen, dass sie ihnen auch nicht erspart blieben. Die drei kleinen Räume im Obergeschoss hätten vielleicht einigermaßen ausgereicht, wenn sie wenigstens mit Betten und Schränken ausgestattet gewesen wären. Das aber war nicht der Fall. Alles, was Hudson hatte auftreiben können, war ein chinesisches Bett, zwei Tische und ein halbes Dutzend Stühle. Das war wenigstens etwas, aber Mrs. Parker suchte vergeblich nach einer Möglichkeit um Kleidung, Schuhe, Geschirr und Bücher aufzubewahren. Nicht einmal Regale waren vorhanden. Auf dem Fußboden gab es keine Teppiche, an den Fenstern fehlten die Vorhänge, und außerdem waren die Räume nicht heizbar. Und das im Winter.

Die Familie war ziemlich enttäuscht von Hudson. Doch bald stellten sie fest, dass dieser nichts dafür konnte. Er hatte nämlich nur noch drei Yüan in der Tasche und hatte gehofft, dass Dr. Parker genug Geld zur Verfügung hatte, denn sonst wusste er nicht einmal, wovon sie alle leben sollten. Als er jedoch erfuhr, dass sein neuer Kollege auch nur noch ein paar Yüan besaß und der festen Meinung war, dass er hier in Shanghai einen größeren Geldbetrag von der Missionsgesellschaft vorfinden würde, war er entmutigt.

Die Chinesische Evangelisationsgesellschaft, ihre Missionsgesellschaft in England, hatte Dr. Parker die feste Zusage gegeben, dass sie ihm Geld nach Shanghai schicken würde. Aber es war kein Geld da. Nur Briefe waren eingegangen mit netten Grußworten und guten Ratschlägen, aber von Geld war nirgends die Rede. Hudson selbst hatte auch schon seine Erfahrungen mit der Missionsgesellschaft gemacht und wusste, dass die Geldangelegenheiten ziemlich willkürlich und planlos erledigt wurden. Die Verantwortlichen schienen anzunehmen, dass ihre Missionare auch ohne Geld glücklich und gesund weiterleben könnten, bis sie irgendwann wieder einmal eine Überweisung bekämen. Glücklicherweise war der Angestellte der Bank, der ihre Geldgeschäfte abwickelte, anderer Meinung. Als er sah, in welcher Misere sich Hudson und sein neu angekommener Kollege befanden, zahlte er ihnen einen Vorschuss. Hudson war von Herzen dankbar für diese vorläufige Hilfe und schrieb der Missionsgesellschaft ein paar passende Worte – zwar höflich, aber bestimmt – bezüglich ihrer Verantwortung für die Missionare.

Hudson versuchte sich so gut wie möglich an die neue Situation zu gewöhnen. In den folgenden Monaten lebte er mit den Parkers zusammen. Sie waren sehr ernsthafte und aufopfernde Mitarbeiter. Aber es gab natürlich auch einige Schwierigkeiten. Das Zusammenwohnen mit einer fünfköpfigen Familie auf so engem Raum erleichterte nicht gerade das schwere Sprachstudium, das eine sehr große Konzentration erfordert. Mehr als einmal dachte Hudson sehnsüchtig zurück an sein baufälliges, altes Haus in der Nähe des Nordtores. Dort hatte er Ruhe, aber auch direkten Kontakt zu den Chinesen gehabt. Er hatte sie kennen lernen können, konnte sprechen lernen wie sie – kurz, er hatte mitten unter ihnen gelebt. Wie freute er sich, als ihm sein Freund Edkins eines Tages einen Vorschlag machte.

»Ich habe vor, flussaufwärts nach Ka-shing zu fahren«, sagte er. »Ich will für eine Woche eine Dschunke mieten und in den Städten entlang des Flusses Traktate verteilen und predigen. Willst du nicht mitkommen?«

Und ob Hudson wollte! Landeinwärts fahren, auf einer Dschunke wohnen und chinesisches Leben aus erster Hand erleben – genau das war es, wonach er sich sehnte! Sofort begannen sie mit den Vorbereitungen: Verpflegung für eine ganze Woche, Brennstoff, einen Kochherd, Töpfe, Medikamente und ein großes Sortiment von Schriften und Traktaten mussten eingepackt werden.

Es dauerte eine Weile, bis Edkins und Hudson alles gut auf dem Boot verstaut hatten. Dann kam das Feilschen um den Lohn der Kulis an die Reihe. So allmählich hatte sich Hudson an die Art der Kulis gewöhnt und wusste, wie man ihren Forderungen parieren musste. Er überhörte auch schon die Schimpfworte, mit denen sie sich gegenseitig bedachten. Irgendwie schien das alles zu ihrem Tagesablauf und zu ihrer Berufsauffassung zu gehören.

Dann konnte es endlich losgehen. Das Boot musste sich an unzähligen Dschunken vorbeischlängeln, bis es schließ-

56

lich mitten auf dem breiten, ruhigen Strom war. Hudson sah hinüber zu der flachen Küste mit dem schmutzigen Strand und den armseligen Hütten dahinter. Das Landschaftsbild änderte sich, je mehr sie die Stadt hinter sich ließen und in das weite Land hineinfuhren. Ein Dorf nach dem anderen glitt an ihnen vorüber. Und dazwischen lagen unzählige Grabhügel – die Ruhestätten ganzer Generationen. Alle ein bis zwei Meilen stand eine Gruppe von Häusern, und überall sah man Menschen und noch einmal Menschen. Wie dicht besiedelt dieses Land doch war!

Als sie schließlich die erste Stadt erreichten und anlegten, waren sie sofort von Chinesen umgeben, die sie – die beiden Weißen – mit unverhohlener Neugier anstarrten. Hudson und Edkins nahmen jeder einen Stapel Traktate und Schriften – so viel sie nur tragen konnten – und marschierten in die Stadt. Und gleich dort in der ersten Stadt erlebten sie etwas, was sich unauslöschlich in Hudsons Gedächtnis einprägte.

Sie hatten einen Tempelhof betreten. Das Dach des Tempels war kunstvoll mit Drachenornamenten verziert. In den düsteren Hallen waren überall riesige, furchterregende Götzenbilder, die unbeweglich zu ihren sich ehrfürchtig verneigenden Anbetern hinunterschauten. In einer dieser Tempelhallen hatte sich eine Menschenmenge um Edkins und Hudson geschart, die ihnen aufmerksam zuhörte. Anschließend verteilten die beiden Missionare ihre Traktate. Gerade, als sie daran waren aufzubrechen, kamen drei Priester in abgetragenen gelben Gewändern und mit kahl geschorenem Kopf auf sie zu.

»Ehrwürdige Herren«, so begannen sie, »kommen Sie doch zu uns herein. Wir zeigen Ihnen gern unser Kloster!« Das ließen sich die beiden Missionare nicht zweimal sagen. Das war die Gelegenheit, einmal ein buddhistisches Kloster von innen zu sehen. Neugierig folgten sie den freundlichen Mönchen.

»Möchten Sie auch unseren heiligen Mann sehen?«, fragte einer der Mönche.

Ein »heiliger Mann«? Wer oder was mochte das wohl sein, überlegten die Missionare. Auf jeden Fall wollten sie den »heiligen Mann« kennen lernen.

Sie wurden nun in einen abgelegenen Teil des Klosters geführt, gingen durch einen dämmrigen Raum und machten vor einer Mauer Halt. In der Wand war eine schmale Öffnung, gerade groß genug, dass eine Hand hindurchpasste.

»Dort drin ist er«, sagte einer der Priester. Hudson suchte nach der Tür, aber er sah keine.

»Nein, es gibt keine Tür zu dem heiligen Mann«, erfuhr er von den Priestern. Da wurde es Hudson klar, dass der »heilige Mann« dort buchstäblich eingemauert war. Das war doch unglaublich und gar nicht zu fassen. Es gab auch kein Fenster. Hudson guckte durch den Schlitz und konnte die Umrisse einer Gestalt erkennen, die am Boden kauerte. Da lag nun ein Mensch lebendig in einem Sarg. Er atmete, aß und trank die Nahrung, die ihm durch den Schlitz hereingereicht wurde, aber ansonsten war er schon bei lebendigem Leibe tot. In Finsternis und Abgeschiedenheit verbrachte er seine Tage und Nächte.

»In dieser Absonderung von allen Mitmenschen kann er völlig sündlos leben!«, so erklärten ihnen die Priester. »Wenn er alle natürlichen Bedürfnisse unterdrückt, dann muss er doch heilig werden und die Seligkeit erreichen!«

So lehrte es ihre Religion, und dem armen »heiligen Mann« wurde schon zu seinen Lebzeiten sehr viel Bewunderung und Verehrung entgegengebracht. Freiwillig hatte er den lebendigen Tod gewählt und glaubte, dass ihm auf diese Weise das Nirwana, der »Himmel« der Buddhisten, sicher sei.

Edkins und Hudson wechselten bedeutsame Blicke. Sie hatten zwar schon einmal etwas von solchen Fanatikern gehört, aber noch nie einen »heiligen Mann« mit eigenen Augen gesehen. Zutiefst erschüttert ging Edkins ganz nahe an das Loch heran, umso besser zu dem Mann dort drinnen sprechen zu können. Er sagte ihm, dass er mit einer Botschaft von Gott gekommen sei und erklärte dem »heiligen Mann«, dass seine Sünden auch ohne Quälerei durch Jesus Christus vergeben werden könnten. So klar wie möglich berichtete Edkins von Jesu Erlösungswerk, dass Jesus gestorben und auferstanden sei und deshalb alle retten könne, die an ihn glaubten. Das alles aber war fremd und neu für den eingemauerten Mann und die gelb gekleideten Priester, die neben den beiden Missionaren standen. Ungläubig sahen sie mit ihren dunklen Augen die Fremden an. Sie blieben zwar höflich, aber die Botschaft erreichte sie nicht. Sie waren der Ansicht, dass die Chinesen ihren Gott – nämlich Buddha – und die Weißen aus dem Westen ebenfalls ihren Gott – nämlich Jesus – haben. Sie meinten auch, es sei gar nicht so wichtig, welcher Religion man glaube, irgendwie würden sie wohl alle zum Ziel führen. Das war die Reaktion auf Edkins Rede. Die Priester begleiteten ihre Besucher noch zu der großen Tempelpforte, verneigten sich zum Abschied und kehrten dann zurück in ihre dunklen Mauern mit den ewig brennenden Öllampen, dem Weihrauchgeruch, den furchterregenden Götzenbildern – und zu ihrem »heiligen Mann« in seiner totalen Einsamkeit.

Als Hudson und Edkins wieder auf der Straße waren, wurden sie sofort wieder umringt von Menschen, die mehr von der »weißen« Religion hören wollten. Mehrmals mussten sie zu ihrem Boot zurückkehren um noch mehr Traktate zu holen. Erst gegen Abend wurde es ruhiger, und endlich fanden sie Zeit, die Eindrücke des Tages zu verarbeiten.

An jenem Abend bekam China eine ganz neue Bedeutung für Hudson.

Bis jetzt hatte nur die Stadt Shanghai mit ihren engen Straßen und den überfüllten Märkten seinen Blick gefangen genommen, obwohl er und Dr. Parker schon ab und zu in die umliegenden Dörfer hinausgegangen waren um dort zu predigen und Traktate zu verteilen. Nun aber war ihm plötzlich bewusst geworden, dass nach Westen hin noch Städte, Dörfer, Flecken und Siedlungen von unvorstellbarem Ausmaß liegen. Und dort überall wussten unzählig viele Menschen nichts von dem wahren Leben, das Gott ihnen schenken möchte. Sie kannten nur das angstvolle, mühselige Leben mit der fragwürdigen Hoffnung auf ein Nirwana. Hudson musste wieder an den eingemauerten Mann in dem Kloster denken . . . Die Tempelgötzen, der Ahnenkult, die Furcht vor den Dämonen – all das lag wie ein Bann über dieser großen, östlichen Kultur. Hudson Taylor, der in dem fernen England deutlich den Ruf vernommen hatte: »Geh für mich nach China!«, wurde sich nun wie nie zuvor der Größe seines Auftrags bewusst. Er würde Kraft, Mut und Hingabe bis zum Letzten einsetzen müssen. Was es aber auch kosten mochte, wie steil der Weg auch sein würde, die Menschen dieses Landes mussten erfahren, dass Jesus sie aus ihrem Todesschlaf zum Leben befreien will.

Schweigsam und in sich gekehrt gingen die beiden Missionare bei Anbruch der Dunkelheit zu ihrem Boot zurück.

8. Miss Aldersey's Erdbeben

Miss Aldersey war eine einmalige Frau. Darin waren sich alle einig, nicht nur die Europäer, sondern auch die Chinesen. Die Chinesen hielten sie sogar für noch wichtiger und bedeutender als den britischen Konsul und behaupteten, selbst dieser mächtige Mann müsse sich ihrem Willen beugen. Und das war auch gar nicht verwunderlich; denn diese Frau besaß sogar magische Kräfte. Ihr chinesischer Diener hatte es mit eigenen Augen gesehen, wie sie morgens um fünf Uhr an der Stadtmauer eine geheimnisvolle Flasche geöffnet hatte, in der ganz bestimmt ein Zaubermittel enthalten war, denn kurz danach bebte die Erde. Manche befürchteten, dass vielleicht noch viel mehr auf das Konto dieser hochehrbaren Lehrerin ging, als nur die Erdbeben, die hin und wieder das Land erschütterten. Es bestand gar kein Zweifel, dass die Königin von England höchstpersönlich Miss Aldersey dazu ausersehen hatte, über ihre Untertanen in der chinesischen Hafenstadt Ningpo zu herrschen. Ja, so hieß es bei den Chinesen: »Miss Aldersey ist wirklich eine einmalige Frau, und auch der britische Konsul muss ihr gehorchen.«

Dass Miss Aldersey eine einmalige Frau war, das meinten auch die Europäer in Ningpo. Natürlich glaubten sie nicht, dass Miss Aldersey das Land durch Erdbeben erschüttern konnte, denn sie wussten sehr wohl, dass die besagte Flasche nichts Gefährlicheres enthielt als ein wohlduftendes Riechsalz. Dafür vollbrachte Miss Aldersey nach Meinung der Europäer andere »Wunder«. Jeden Morgen nämlich – ob Sommer oder Winter, bei schönem und bei schlechtem Wetter – machte sie um Punkt fünf Uhr ihren Spaziergang zur Stadtmauer. Es machte ihr auch nichts aus, wenn es noch stockdunkel war. Sie nahm dann lediglich ihren Diener mit, um ihr mit der Laterne zu leuchten. Man bedenke: um fünf Uhr morgens!

Das konnten die Europäer nicht genug bewundern. Und das allein hätte schon genügt, um sie als »einmalig« zu bewerten.

Das war jedoch nicht alles. Miss Aldersey, die Pionier-Missionarin in Ningpo und Gründerin der ersten protestantischen Schule für Mädchen in China, erledigte ein Arbeitspensum, bei dem man nur den Atem anhalten konnte. Selbst während ihrer Mahlzeiten ließ sie sich von ihren Schülerinnen die Lösungen ihrer Aufgaben vorlesen. »Ferien« und »Urlaub« waren Fremdwörter für sie. Mochten doch die anderen Missionare ruhig an die See fahren um sich dort von ihrem anstrengenden Einsatz zu erholen. Miss Aldersey genügte es, die Seeluft von ferne zu schnuppern, indem sie nämlich die neun Stockwerke der großen Pagode – des buddhistischen Tempels also – hochkletterte. Dabei unterrichtete sie natürlich einige ihrer Schülerinnen, von denen sie sich begleiten ließ. Wahrlich und wahrhaftig eine einmalige Frau, das war gar keine Frage! Und wenn der britische Konsul auch nicht immer tat, was sie wollte, so hütete er sich doch sehr, sie das merken zu lassen!

Deshalb war es für Hudson ein Unglück, dass ausgerechnet diese einflussreiche und bedeutende Miss Aldersey ein so massives Vorurteil ihm gegenüber hatte. Tatsächlich genügte das bloße Erwähnen des Namens »Hudson Taylor« um das kleine, zerbrechliche Persönchen mit »heiligem Zorn« zu erfüllen. Nicht genug damit, dass Hudson vor einigen Monaten den Entschluss gefasst hatte, sich wie ein Chinese zu kleiden und einen Zopf zu tragen, damit er sich besser unter das Volk mischen und Zugang zu Plätzen und Stätten finden konnte, wo Weiße sonst unerwünscht waren. Er hatte auch noch die Verwegenheit, Tollkühnheit und Unverschämtheit besessen, »ihrer« Maria einen Heiratsantrag zu machen.

Maria war die Tochter eines Missionarsehepaares. Ihre Eltern lebten nicht mehr, und somit war Maria Vollwaise. Sie unterrichtete als Lehrerin an der Schule von Miss Aldersey. Maria war eine ausgezeichnete Lehrerin – sie war sehr kinderlieb und sprach fließend Chinesisch. Sie war auch sehr hübsch, und Hudson war nicht der erste, der ein Auge auf sie geworfen hatte. Dass sich die Männer in Maria verliebten, rechnete Miss Aldersey glücklicherweise nicht dem Mädchen als Schuld an. Sie konnte ja auch nichts dafür, dass die Männer hinter ihr her waren. Miss Aldersey war ja auch bereit, sich eines Tages – wenn auch schweren Herzens – von Maria zu trennen, falls sich eine gute Partie für das attraktive Mädchen bieten sollte. Aber das konnte doch niemals ein Hudson Taylor sein! Ein Mann, der chinesische Kleidung und einen richtigen Zopf trug? Unmöglich! Als Europäer das Haar zu einem Zopf zu flechten, empfand sie als skandalös! Und wer war dieser Hudson Taylor überhaupt? Ein armer, junger, unbedeutender Niemand! Ein Fanatiker, den eine namhafte Missionsgesellschaft niemals einstellen würde. Und der wollte ihre Maria heiraten? Nie und nimmer! Vielleicht war er sogar hinter ihrem Geld her! Wer weiß . . .

Die arme 19jährige Maria saß in der Zwickmühle. Was sie betraf, hätte sie Hudson gern geheiratet, ob mit oder ohne Zopf, das war ihr gleich. In Gedanken hatte sie sich schon vor Hudsons Antrag viel mit ihm beschäftigt. Natürlich hatte sie das alles für sich behalten. Jetzt aber war sie gegen Miss Alderseys Zorn machtlos. Auf Anweisung dieser energischen Dame musste sie einen kurzen Brief an Hudson schreiben und darin zum Ausdruck bringen, dass sie seinen Antrag als eine Unmöglichkeit betrachte. Und wenn er auch nur einen Funken Anstand im Leibe hätte, dann würde er nie mehr auf dieses Thema zurückkommen. Miss Aldersey nahm diesen Brief mit Triumph entgegen. Maria aber ging in ihr Zimmer und brach in Tränen aus. Und Hudson, der eine ganz andere Antwort erwartet hatte, war es beim Lesen zu Mute, als verlöre er den Boden unter den Füßen.

Nach dieser Geschichte war es für Hudson nicht leicht, weiter in Ningpo zu wohnen und zu arbeiten; aber er wusste genau, dass sein Auftrag hier lag. Er hatte schon einen Laden gemietet, der sich gut für Gottesdienste eignete, und wohnte jetzt bei dem jungen Missionarsehepaar Jones, das kürzlich in China angekommen war. Die Parkers hatten inzwischen die Leitung eines Krankenhauses übernommen.

Hudsons Tage waren mehr als ausgefüllt. Er predigte, besuchte Chinesen, die sich für den christlichen Glauben interessierten und arbeitete auch auf medizinischem Gebiet. Es war gut, dass er so ausgelastet war; denn er war sehr einsam. Seine Hoffnungen auf Gemeinschaft schienen sich alle zu zerschlagen, eine nach der anderen. Als er seine Arbeit in China begann, hatte er im Stillen gehofft, dass seine Schwester Amelia nachkommen und ihn unterstützen würde. Er liebte Amelia und war der Meinung, dass sie genau die Richtige wäre, um unter den chinesischen Frauen zu arbeiten. Dann machte er sich berechtigte Hoffnungen auf seinen Freund Ben, der sehr an dem Fortgang der Arbeit interessiert war. Vielleicht würde er wenigstens kommen! Doch auch diese Hoffnung zerschlug sich. Amelia und Ben verlobten sich und wollten in England bleiben.

Als ihm Maria, mit der er natürlich am liebsten zusammen gewesen wäre, eine Abfuhr erteilte, war er wirklich niedergeschlagen. Er hatte doch nach Gottes Willen gefragt, bevor er ihr seinen Antrag machte. Warum hatten denn die Dinge diesen Lauf genommen, nachdem er von der Richtigkeit des Weges überzeugt gewesen war? So sehr er sich auch bemühte, Marias negative Antwort zu akzeptieren, er wurde das Gefühl einfach nicht los, dass sein Antrag nach wie vor richtig war.

Hätte er doch Marias Gebete hören können! Morgens und abends, wenn sie vor ihrem Bett kniete, erwähnte sie Hudsons Namen. Sie wäre so gern Mrs. Taylor geworden!

Davon aber wusste Hudson nichts. Er wusste nur, dass Maria ihm ihr »nein« gegeben hatte, und zwar endgültig – so musste er es jedenfalls aufgrund ihres Briefes sehen. Natürlich war er bemüht, sich mit der Absage abzufinden, doch es wollte ihm nicht gelingen. Sicher, der Brief stammte von Marias Hand, aber der ganze Stil und die Art, wie der Brief abgefasst war – das war doch nicht Maria! Der Brieftext wirkte vielmehr wie ein Diktat von Miss Aldersey . . .

Wenn es doch nur möglich wäre, Maria zu sprechen, ohne dass es Miss Aldersey merkte. Aber in dem konservativen, alten China verbot es der gute Ton, dass sich ein unverheirateter Mann mit einem Mädchen traf. An einem Abend hatte Hudson trotzdem versucht, nach einer Zusammenkunft ein Gespräch zu arrangieren. Irgendwie war die Sache aber schief gegangen. Jedenfalls stand plötzlich ein anderes Mädchen vor ihm, während Maria in einer

Sänfte davongetragen wurde! Er musste doch einsehen, dass alles Bemühen keinen Zweck hatte.

Ob vielleicht sein Zopf an der ganzen Misere schuld war? Dieser Zopf war ihm an den heißen, stickigen Tagen des Sommers sowieso sehr lästig. Wenn er den Zopf nun abschneiden würde, wäre es für ihn bequemer, und vielleicht würde er dann auch von Miss Aldersey als ein geeigneterer Partner für Maria angesehen. Aber ohne den Zopf würde er sich nicht mehr so frei unter den Chinesen bewegen können, die ihn so fast wie einen der ihren betrachteten. Und dann dachte er wieder an seinen Auftrag. »Geh für mich nach China!« Unzählige Städte und Dörfer, Millionen von Menschen gab es in diesem Land, und alle brauchten die frohmachende Botschaft. Er musste sie ihnen bringen . . . Nein, der Zopf musste bleiben!

Aber immer wieder fiel in Hudsons Gebeten der Name Maria. Und schon kurze Zeit später änderte sich die ganze Situation, und zwar durch einen Wolkenbruch!

Dieser Wolkenbruch geschah genau zum richtigen Zeitpunkt, nämlich an dem Nachmittag, an dem Mrs. Jones alle Missionsmitarbeiterinnen aus Ningpo zu sich eingeladen hatte. Zuerst gab es einen Platzregen und anschließend einen starken Dauerregen. Auf den Straßen lief das Wasser in Bächen, und die Menschen hatten sich in die Häuser geflüchtet. Die Dachrinnen fassten das Wasser nicht mehr, und überall bildeten sich Tümpel und kleine Seen. Mrs. Jones' Gäste standen am Fenster und wussten nicht, wann und wie sie wieder nach Hause kommen sollten. Am Abend kamen dann Sänftenträger um die Gäste trocken nach Hause zu bringen. Sie hatten die Hosen bis über die Knie hochgerollt, und das Wasser tropfte ihnen von den breiten Hutkrempen. Da die Sänften nicht ausreichten, mussten noch einige Damen bei Mrs. Jones warten, bis die erste Gruppe nach Hause gebracht worden war. In der ersten Gruppe war auch Miss Aldersey. Unter denen, die noch warten mussten, war Maria. Und sie war noch bei Mrs. Jones, als Mr. Jones und Hudson von ihrem Abendgottesdienst nach Hause kamen.

Blitzartig begriff Hudson, dass das eine einmalige Gelegenheit war. Nun ist aber ein Wohnzimmer, in dem noch andere Leute sitzen, nicht gerade der ideale Ort für einen Heiratsantrag, noch dazu, wenn man bereits einmal abgewiesen worden ist. Hudson war sich dessen bewusst, und zuerst wollte er Maria auch nur höflich fragen, ob er einmal an ihren Vormund in London schreiben dürfe. Als er aber erst einmal angefangen hatte, sagte er viel mehr, als er eigentlich wollte. Er schien sogar die Zuhörer völlig zu vergessen. Und Maria, die sonst immer sehr zurückhaltend war, antwortete mit überraschend ermutigender Wärme. Nach kurzer Zeit erkannte Hudson, wie es in Maria tatsächlich aussah. Als die Sänftenträger zurückkamen, um die letzten Gäste abzuholen und durch die überfluteten Straßen nach Hause zu bringen, war zwischen Hudson und Maria alles klar. Und außerdem war sich auch niemand, der mit im Wohnzimmer gesessen hatte, über die Beziehung der beiden jungen Menschen zueinander im Unklaren. Hudson Taylor hatte Marias volle Zustimmung, an ihren Vormund zu schreiben. Auch wenn es keinen Gefühlsausbruch gegeben hatte, stand es unumstößlich fest, dass nicht einmal ein »Erdbeben« von Miss Aldersey die Zustimmung von Maria würde rückgängig machen können.

So schrieb Hudson an Marias Vormund – einen Verwandten von ihr in England – und hielt ganz förmlich um Marias Hand an. Auf die Antwort musste er jedoch sehr lange warten, denn mit gleicher Post erreichte den Onkel noch ein zweiter Brief. Er war auch in Ningpo aufgegeben worden, und Miss Aldersey hatte ihn geschrieben! Der Onkel sah sich nun genötigt, diskret ein paar Erkundigungen über Hudson Taylor einzuholen. Als er sie vorliegen hatte, willigte er ein und schrieb zurück, dass, wenn seine Nichte unbedingt den jungen Missionar mit dem Zopf heiraten wolle, er keinen Grund sähe, das zu verbieten. Er machte nur die Auflage, dass Maria erst mündig sein müsse, bevor sie heirate. Miss Aldersey war wütend, Maria und Hudson dafür überglücklich!

Hudson wohnte zu dieser Zeit auf dem Boden über seiner »Ladenkapelle« in der Brückenstraße in Ningpo. Diese Straße hatte ihren Namen zu Recht, denn sie war eine schmale Durchfahrt, die am Anfang und Ende mit einer Brücke abschloß. Gleich hinter Hudsons Haus lag ein Kanal, und der rief manche Erinnerungen an Hull, und an England überhaupt, wach. Hudson gewann sein neues Zuhause bald sehr lieb.

Eines Morgens, als er aufwachte, war sein Bett voller Schnee. Nachts hatte es angefangen zu schneien, und der Schnee war durch das undichte Dach gefallen. Vorsichtig schüttelte er den Schnee von seiner Decke, sprang dann aus dem Bett und zog sich an. Hier würde doch noch einiges geschehen müssen, bevor er Maria hierher bringen konnte. Als sie dann als Mrs. Taylor Einzug hielt, hatte Hudson in dem Obergeschoss fünf kleine Räume ausgebaut, die eine richtige Zimmerdecke hatten. Und dort über der Ladenkapelle, in der Hudson immer predigte, begannen die Taylors ihren gemeinsamen Weg. So lebten Maria und Hudson mitten unter den Chinesen, kleideten sich wie sie und sprachen ihre Sprache.

9. Die Predigt im Teehaus

Mr. Nee machte einen vornehmen Eindruck in dem Seidengewand und der feinen Seidenjacke. Langsam ging der große Mann durch die engen Straßen. Die Kulis mit ihren groben Strohhüten und Strohsandalen drückten sich an die Seite, als sie ihn kommen sahen, denn er war ein studierter, gebildeter Mann – einer, der lesen und schreiben konnte. Ein solcher Mann hatte Anspruch auf den Respekt der Unwissenden. Diejenigen, die Mr. Nee kannten, wussten, dass er ein erfolgreicher Geschäftsmann war. Und weil er reich war, machten ihm die Armen ehrerbietig Platz.

Gedankenverloren ging Mr. Nee durch die Straßen und dachte über den Sinn des Lebens nach und mehr noch über das Geheimnis des Todes. Was – so fragte er sich – geschieht nach dem Tode? Die Ungewissheit des dunklen Jenseits beunruhigte ihn, und Furcht hatte ihn ergriffen. Wo war der Weg, die Wahrheit? Wo fand er Erleichterung und Befreiung für sein bekümmertes, trauriges Gemüt?

Plötzlich hörte er Glockengeläut. Er blickte um sich und ging dem Schall der Glocken nach. Dabei kam er an ein Hoftor, durch das viele Leute gingen. Es sah aus, als ob dort eine Versammlung stattfinden sollte.

»Wohin gehen die Leute?«, fragte er einen Straßenverkäufer, der an seinem kleinen Stand Waren feilbot.

»In die Jesus-Halle«, bekam er zur Antwort. »Da wohnen Ausländer. Wenn sie die Glocken läuten, dann wollen sie ihren Gottesdienst halten.«

»Was machen sie denn in ihrem Gottesdienst?«, fragte Mr. Nee.

»Sie singen und lesen aus ihren heiligen Büchern, und dann erklären sie das, was sie gelesen haben.«

Mr. Nee sah wieder auf das Hoftor und entschloss sich, auch hineinzugehen. Er wollte diese fremde Religion einmal kennen lernen. Vielleicht hatte sie für ihn eine Antwort auf die dunklen Geheimnisse von Leben und Tod. Er ging über den Hof, betrat dann einen lang gestreckten Raum, in dem schon viele Menschen waren, und setzte sich auf eine Bank. Auf der kleinen erhöhten Plattform stand ein junger Mann und las laut aus einem Buch vor.

Zuerst meinte Mr. Nee, der junge Mann da vorn sei Chinese, weil er so gekleidet war. Nur seine hellen Augen und seine helle Haut verrieten den Ausländer. Aber Mr. Nee war gar nicht so sehr an dem jungen Mann interessiert, als vielmehr an dem, was er vorlas. Aufmerksam hörte er ihm zu. Die Geschichte handelte von einem Rabbi Namens Jesus, der gesagt haben soll:

». . . Wie Mose in der Wüste eine Schlange erhöht hat, so muss des Menschen Sohn erhöht werden, auf dass alle, die an ihn glauben, das ewige Leben haben. Denn also hat Gott die Welt geliebt, dass er seinen eingeborenen Sohn gab, auf dass alle, die an ihn glauben, nicht verloren werden, sondern das ewige Leben haben. Denn Gott hat seinen Sohn nicht gesandt in die Welt, dass er die Welt richte, sondern dass die Welt durch ihn gerettet werde.«

Ewiges Leben . . . Das war es doch, wonach Mr. Nee so verlangte. Nicht verdammt, sondern gerettet werden! . . . Die Worte bewegten Mr. Nee. Ergriffen saß er in der Ladenkapelle. Dieser Jesus, den die Fremden anbeteten, war Gottes eigener Sohn. Er war als Mensch vom Himmel in diese Welt gekommen und dann am Kreuz gestorben. Er nahm die Sünden der ganzen Welt auf sich, und nach drei Tagen

ist er aus seinem Grab auferstanden und ins Leben zurückgekehrt. Er besuchte seine Freunde und sprach mit ihnen,
bis er einige Zeit später die Erde wieder verließ und zu seinem Vater in den Himmel zurückkehrte. – Dieser Jesus bot
jedem, der an ihn glaubte, ewiges Leben an.

Das ist der Weg! Dort in der kleinen Ladenkapelle mit
den Reispapier-Fenstern und den schäbigen Holzbänken
wusste Mr. Nee plötzlich, dass das der Weg ist. Irgendetwas
in ihm sagte ihm, dass das, was er gehört hatte, stimmte.
Als Hudson seine Bibel zuklappte und seine Predigt been-
dete, erhob sich Mr. Nee. Alle Augen waren auf ihn gerichtet, als er mit orientalischer Würde sagte:

»Ich habe lange nach der Wahrheit gesucht, genau wie
früher mein Vater. Aber ich habe sie nirgends gefunden.
Überall habe ich nach dem Weg gesucht und fand ihn nicht.
In den Lehren des Konfuzius, im Buddhismus und im Tao-
ismus – nirgends fand ich den Frieden, den ich suchte. Aber
nun habe ich Ruhe gefunden, in dem, was ich heute Abend
gehört habe. Von jetzt an glaube ich an Jesus Christus.«

Und er machte ernst mit seinem Glauben. Seinen Freunden sagte er unmissverständlich, warum er nun nicht mehr
an die Götter glaubte und keinen Weihrauch mehr ab-
brannte. Er studierte die Bibel, besuchte jeden Gottesdienst
und begleitete die Missionare bei ihren Einsätzen. Er war
zwar nicht der erste Chinese, der sich aufgrund einer Predigt von Hudson dem lebendigen Gott zuwandte, aber bis
jetzt hatte noch niemand eine so spontane und radikale
Umkehr vollzogen wie Mr. Nee.

»Wie lange kennt ihr diese frohe Botschaft schon in England?«, fragte er Hudson eines Tages.

Hudson zögerte mit der Antwort. Dieser hochgestellte
Mann, der so freudig und vorbehaltlos der Einladung des

lebendigen Gottes gefolgt war, dachte nur daran, auch den anderen Menschen diese gute Nachricht zu erzählen.

»Schon einige hundert Jahre kennen wir diese Botschaft«, sagte Hudson zurückhaltend und beschämt.

»Was, schon einige hundert Jahre?!«, rief Nee erstaunt. »Ist es wirklich wahr, dass ihr in eurem verehrten Land schon so lange Jesus kanntet und erst jetzt zu uns kommt und uns davon erzählt?« In Gedanken sah sich Nee wieder in den Tempeln, in denen er vergeblich eine Antwort von den stummen Götzen erhofft hatte, oder er dachte an seine häufigen Meditationsübungen, von denen er sich Erleuchtung über das Geheimnis von Leben und Tod erhofft hatte.

»Mein Vater hat mehr als zwanzig Jahre die Wahrheit gesucht«, sagte er langsam. »Und er ist gestorben, ohne sie gefunden zu haben. Warum seid ihr nicht schon früher gekommen?«

Durch Mr. Nee kam auch Wang, der Korbmacher, zum Glauben an Jesus. Dieser Wang war ein froher, energischer Mann, der gradlinig den Weg des christlichen Glaubens ging. Wie alle anderen Chinesen war er gewöhnt, sieben Tage in der Woche zu arbeiten. Als er aber hörte, dass Gott geboten hatte, den Sonntag zu heiligen und an diesem Tag alle Arbeit ruhen zu lassen, richtete er sich von da an nach diesem Gebot. Das bedeutete jedoch, dass er für den Sonntag keine Verpflegung und auch keinen Lohn bekam, obwohl man von ihm verlangte, dass er nun in den sechs Tagen genauso viel schaffte wie vorher in den sieben Tagen. Trotz dieser Schwierigkeiten fühlte sich Wang reich belohnt, wenn er sonntags in der »Jesus-Kapelle« saß und die spannenden Geschichten aus der Bibel hörte. Und als sein verärgerter Arbeitgeber ihm während der Hauptsaison mitteilte, dass er entweder auch sonntags arbeiten müsse oder aber entlassen würde, da entschloss sich Wang, notfalls eine andere Arbeitsstelle zu suchen. Eines Sonntags war dann das Maß voll, und sein Arbeitgeber verbot ihm wutentbrannt, je wieder sein Haus zu betreten.

So suchte Wang am nächsten Montag morgen einen Korbflechter nach dem anderen auf und bat um Arbeit. Aber obwohl Hauptsaison war, wollte ihn niemand haben. Er versuchte es unverdrossen weiter, bekam jedoch überall einen abschlägigen Bescheid. So ging er fast durch die ganze Stadt – vergeblich. Obwohl alle Korbflechter überlastet waren, wollte ihn niemand einstellen. Wang kam zu dem Schluss, dass hier der Teufel selbst dahinter steckte und ihn auf diese Weise davon abbringen wollte, sonntags zum Gottesdienst zu gehen. »Ich muss ihm widerstehen«, sagte sich Wang. Er wollte auf keinen Fall weich werden. Wang war willensstark und nicht bereit, hier zu unterliegen. »Ich werde dem Teufel widerstehen! Und wenn er mir den Weg zu einem neuen Arbeitgeber verbaut, dann benutze ich eben die Zeit, um ihm Seelen aus seinen Klauen zu entreißen!« Deshalb suchte er nicht mehr weiter nach Arbeit, sondern besorgte sich stattdessen Traktate und ging auf die Straßen, um allen, die ihm zuhören wollten, von Jesus zu erzählen! Und an diesem Tag machte er auch Bekanntschaft mit Wang, dem Reisbauern.

Wang, der Reisbauer, hatte vor einiger Zeit ein höchst seltsames Erlebnis gehabt. Er war damals ernstlich krank und lag allein in seinem Haus in dem kleinen Dorf O-zi. Plötzlich hörte er eine Stimme, die seinen Namen rief. Weil er wusste, dass niemand von seinen Angehörigen zu Hause war, stieg er langsam aus dem großen Familienbett und schleppte sich zur Tür. Es war aber niemand da. Er legte sich wieder hin und hörte nach kurzer Zeit zum zweitenmal eine Stimme, die ihn rief. Noch einmal kroch er aus dem Bett und wankte zur Tür. Doch auch diesmal war niemand zu sehen. Da packte ihn die Angst, und er versteckte sich unter der Decke. Er meinte zu wissen, wer ihn gerufen hatte. Das musste der Totenengel gewesen sein!

Doch dann hörte er plötzlich, wie ihm die Stimme sagte, er solle keine Angst haben, denn er brauche nicht zu sterben, er würde sogar wieder ganz gesund werden. Wenn er aber gesund sei, dann solle er in das dreißig Meilen entfernte Ningpo gehen. Dort würde er eine neue Religion kennen lernen, durch die er Frieden für seine Seele fände.

Wang wurde tatsächlich wieder gesund. Er erinnerte sich auch an Ningpo. Obwohl ihn alle für verrückt hielten, machte er sich auf den Weg um in Ningpo Frieden für seine Seele zu finden. Aber er suchte vergeblich nach dem Frieden und nach einer neuen Religion. Niemand schien je von ihr gehört zu haben. Er war bereits einige Wochen in der Stadt und verdiente sich seinen Lebensunterhalt, indem er Gras schnitt und es an Leute verkaufte, die Vieh hielten. Bei all seinem Tun hatte er immer die Religion im Sinn, die ihm Frieden bringen sollte. Ob er nicht vielleicht in seinem Fieber Wahnvorstellungen gehabt hatte und einem Phantom nachgelaufen war?

An jenem Montag aber, an dem Wang, der Korbflechter, arbeitslos war und missionierte, hörte er dann doch etwas von dieser neuen Religion.

Wang, der Korbmacher, saß in einem Teehaus und sprach zu einer Gruppe von Männern, die dort Tee trank. Er erzählte von Jesus, der Sünden vergeben konnte. Gerade in diesem Augenblick kam Wang, der Bauer, herein. Die Männer, zu denen Wang, der Korbmacher, sprach, saßen zumeist gleichgültig und teilnahmslos da. Doch der Bauer hörte wie gebannt zu und wollte sich kein Wort entgehen lassen. Er achtete nicht auf die Unterhaltung an den Tischen ringsum, er hörte auch nicht auf die Ausrufe der Straßenhändler oder das Geschimpfe der Kulis draußen vor der Tür. Er hatte nur Ohren für das, wovon der Mann am nächsten Tisch so begeistert erzählte: Vergebung der Sünden und freien Eintritt in den Himmel für alle, die Jesus annahmen! War das nicht die Religion, die ihm Frieden für seine Seele geben konnte?

Später verließen Wang, der Korbflechter, und Wang, der Bauer, das Teehaus und verbrachten den Rest des Tages in der »Jesus-Halle«. Dort lasen sie zusammen in dem Neuen Testament und der Bauer lernte die neue Religion immer besser kennen. Als der Korbmacher an diesem Abend zu Bett ging, wusste er ganz sicher, dass es ihm tatsächlich gelungen war, dem Teufel wenigstens eine Seele zu entreißen.

Am frühen Dienstagmorgen bekam der Korbmacher sogar wieder Arbeit. Ohne mit der Wimper zu zucken, stellte ihn der erste Korbmacher ein, bei dem er nochmals vorsprach. Wang kam auch bald dahinter, wie alles zusammenhing! Sein früherer Arbeitgeber war so erbost darüber, dass Wang sich beharrlich geweigert hatte, sonntags zu arbeiten, dass er alle anderen Korbflechter aufgefordert hatte, Wang ja nicht einzustellen, wenn er am Montag um Arbeit nachfragen sollte. Deshalb also hatte Wang am Montag kein Glück gehabt. Heute aber war Dienstag und nicht Montag. Das war also ganz etwas anderes. Es war Hauptsaison, und Wang war ein guter Korbflechter, und der frühere Arbeitgeber hatte ja nur von Montag gesprochen. All die Männer, die Wang tags zuvor, am Montag, weggeschickt hatten, wären gern bereitgewesen, ihn am Dienstag einzustellen . . .

Nicht lange danach kam Wang, der Korbflechter, eines Abends mit einem andern Mann in die Jesus-Kapelle. Diesmal war es ein Maler, den er im Garten einer reichen Familie kennen gelernt hatte. Er wollte dort seine Körbe verkaufen.

Die Damen des Hauses standen auf ihren winzigen, eingeschnürten Füßen um ihn herum. Sie wollten gern ganz kleine Körbe für ihren Weihrauch haben. Doch Wang weigerte sich, diese Bestellung anzunehmen. Sie wollten wissen, warum, und der gute Wang erklärte ihnen, dass er an Jesus Christus glaube und deshalb nichts mehr mit Götzen und Weihrauch zu tun haben wolle und natürlich auch keine Körbchen für den Weihrauch mehr flechten könne.

Die Damen hatten eine Weile zugehört, aber dann wurde es ihnen langweilig, und sie gingen zurück ins Haus.

Da sammelte Wang alle seine Körbe wieder zusammen und wollte gerade den Garten verlassen, als plötzlich ein junger Mann vor ihm stand.

»Was haben Sie da den Damen erzählt?«, fragte er. »Ich war dort oben unter dem Dach und habe die Wand gestrichen.« Er zeigte auf eine Leiter, die an die Wand unter dem weit überhängenden Dach gelehnt war. »Was bedeutet das alles? Ich konnte zwar alles hören, aber ich habe nicht verstanden, was Sie sagen wollten.«

Gern erklärte Wang es noch einmal. Der Anstreicher hörte interessiert zu, was Wang von der Jesus-Religion erzählte, und als Wang ihn aufforderte, abends in die Jesus-Halle mitzukommen, um noch mehr darüber zu hören, stimmte er bereitwillig zu.

Hudson lächelte, als die beiden Männer hereinkamen. Wang, der Korbflechter, war wirklich ein guter Menschen-

fischer! Vor kurzem hatte er erst Wang, den Bauer, mitgebracht. Freundlich begrüßte er die beiden Männer.

»Mein Name ist Hudson Taylor, und wie heißen Sie?«
fragte er den jungen Maler mit den dunklen, ernsten
Augen.

Der junge Mann verbeugte sich tief und antwortete mit
typisch orientalischer Höflichkeit: »Mein abscheulicher
Name ist Wang!«

10. Die China-Inland-Mission

An die Haustür in der Beaumont Street 1 in Whitechapel wurde geklopft. Wang, der Maler, ging über den engen Flur und öffnete die Tür. Mit seiner chinesischen Kleidung und seinem Zopf passte er eigentlich gar nicht in das ärmliche, kleine Haus einer Seitenstraße in London. Der junge Mann, der vor der Tür stand, musste seine Überraschung beim Anblick des Chinesen unterdrücken. Er hatte gar nicht gewusst, dass Hudson Taylor, der schwerkrank aus China zurückgekommen war, einen Chinesen mitgebracht hatte.

»Ist Mr. Taylor zu Hause?« fragte der junge Mann vor der Tür und stellte sich als Mr. Meadows vor.

»Bitte, kommen Sie herein«, antwortete Wang. »Ich werde ihn holen.« Kurz darauf kam er zurück und bat den Besucher in einen kleinen, spärlich ausgestatteten Raum. Dort saß Hudson an seiner Arbeit. Es ging um eine Aufgabe, die ihn seit seiner Rückkehr aus China völlig ausfüllte, und die er wohl auch so bald noch nicht beenden würde. Er überarbeitete nämlich das chinesische Neue Testament. Inzwischen hatte Hudson seinen Zopf wieder abschneiden lassen. Hier in England war er nicht mehr nötig. Er trug einen alten, abgetragenen Anzug und sah wie ein armer Angestellter aus. Es war ein kalter Tag, und der Raum, in dem Hudson saß, war kaum geheizt. Auf den ersten Blick war dem jungen Meadows klar, dass der Mann, den er hier besuchte, sehr arm war. Hudson begrüßte seinen Besucher mit einem freundlichen, warmen Lächeln. Später luden ihn Hudson und Maria noch zum Essen ein. Meadows betrachtete das verwaschene und abgenutzte Tischtuch. Das Essen, das Wang servierte, war auch nicht gerade üppig.

Alles, was Meadows hier bei den Missionaren sah, hätte ihn eigentlich entmutigen können. Doch das Gegenteil war der Fall. Diese jungen Leute, die ihm so packende Erlebnisse aus China erzählten, machten auf ihn einen tiefen Eindruck. Es war klar, diese Menschen lebten unter dem Einfluss Gottes. Was machte es da schon, dass sie altmodisch gekleidet waren und dass ihre Teppiche Löcher hatten? Auf diese Dinge legten sie einfach keinen Wert. Was sie völlig gefangen nahm, war die Tatsache, dass Millionen von Chinesen noch nichts von dem lebendigen Gott wussten, aber die frohe Botschaft unbedingt hören mussten.

Der junge Meadows hatte denselben Ruf wie Hudson bekommen und wollte so schnell wie möglich nach China ausreisen. Die Taylors hatten einen so starken Eindruck auf ihn gemacht, dass er spontan sagte, Hudson Taylor sei genau die richtige »Missionsgesellschaft« für ihn!

Hudson erklärte ihm aber, es sei zwar sein sehnlichster Wunsch, dass viele Missionare in China das Evangelium verkündigten, es sei ihm aber unmöglich, eine eigene Missionsgesellschaft zu gründen, weil ihm einfach das Geld dazu fehle. Er selbst wolle zwar sobald wie möglich wieder nach China ausreisen, aber er habe nicht einmal so viel Geld, dass er auch nur einen einzigen Missionar mitnehmen könne.

Von der Chinesischen Evangelisationsgesellschaft hatte sich Hudson inzwischen getrennt. Deshalb wusste er nicht einmal, wovon er die nächste Miete für die Wohnung in London zahlen sollte. Er war aber so sehr damit beschäftigt, sich auf medizinischem Gebiet weiterzubilden und das chinesische Neue Testament zu revidieren, dass ihm keine

Zeit blieb, auch noch Geld zu verdienen. Es war ein Wunder, dass sie bis jetzt immer wieder das nötige Geld erhalten hatten. Sie wurden von Verwandten und Freunden unterstützt, die sich für ihre Arbeit interessierten. Hudson wusste, dass es letztlich Gott selbst war, der die Menschen dazu bewegte, sie finanziell zu unterstützen, und sein Glaube und sein Vertrauen zu seinem himmlischen Vater waren unerschütterlich. Trotzdem war er davon überzeugt, dass er nicht in der Lage sei, andere Missionare auszusenden.

Das versuchte er Mr. Meadows klarzumachen. Der junge Mann ließ sich aber nicht entmutigen. Wenn Gott Hudson Taylor so deutlich versorgte und sich auf wunderbare Weise zu ihm bekannte, warum sollte es dann bei ihm nicht genauso möglich sein? Jedenfalls ermutigte ihn all das, was er bei den Taylors gesehen und gehört hatte so sehr, dass er Hudson zum Schluss erklärte, er wolle nach China gehen und unbedingt mit Hudson zusammenarbeiten. Er sei ganz sicher, dass Gott auch ihm die Geldmittel geben würde.

So kam es, dass Hudson schließlich doch dem Drängen des jungen Mannes nachgab und Meadows einige Monate später als seinen ersten Missionar nach China aussandte.

Seine eigenen Erfahrungen in Shanghai waren Hudson noch gut im Gedächtnis geblieben, und deshalb war er der festen Überzeugung, dass »sein Missionar« regelmäßig Geld und Post bekommen müsse und nicht sporadisch, wie er selbst seinerzeit. Er kaufte deshalb ein großes Buch, in dem er jeden eingehenden Geldbetrag notierte, und immer hatte Meadows den ersten Anspruch darauf. Er legte auch eine Akte an, in der er die Briefe aus China abheftete, und er selbst schrieb »seinem Missionar« sehr viel.

In China gab es für Mr. Meadows eigentlich nur einen einzigen Grund zur »Beanstandung«, und zwar den, dass er aus der Heimat so gut versorgt wurde und sein Geld so regelmäßig bekam, dass er gar nicht in die Lage kam, nur aus Glauben leben zu müssen. Aufgrund seiner Briefe hatte man fast den Eindruck, dass er ein bisschen enttäuscht war, nie durch Geldmangel in Schwierigkeiten gekommen zu sein. Hudson antwortete ihm darauf, jeder einzelne Pfennig sei ein Geschenk, und Gott selbst machte immer wieder Menschen zum Opfern bereit. Hudson wüsste nie im Voraus, woher das Geld kommen würde. Das beruhigte schließlich den jungen Meadows.

In Hudsons Studierzimmer hing eine große Karte von China. Hudsons Augen wanderten oft auf dieser Karte auf und ab. Immer wieder las er die Namen der Provinzen im Inneren des Landes. Sie hatten so malerische Namen: »Südlich der Wolken«, »Vierstrom-Land«, »Westlich der Berge«, »Nördlich des Sees«, »Klarer See«, »Südlich des Flusses« . . . Bis in diese entfernten Gegenden war bis jetzt noch kein Missionar vorgestoßen; und Hudsons Gedanken waren bei den Hunderten von Städten, den Tausenden von Dörfern und den Zehntausenden von Wohnsiedlungen, die von diesen klangvollen Landschaftsnamen umfasst wurden. Hunderte, Tausende, Millionen . . . Was nützte es, dass mit Mr. Meadows ein Missionar mehr in einem Land arbeitete, in dem Millionen von Menschen lebten und starben, ohne von dem lebendigen Gott gehört zu haben.

Millionen von Chinesen – liebenswerten, suchenden Menschen wie Mr. Nee; Wang, der Korbmacher; und Wang, der Bauer, aus dem Dorf O-zi. Hudson wurde ohnehin täglich an die Chinesen erinnert, wenn er den treuen Maler

Wang ansah, der sein Zuhause und seine Heimat verlassen hatte, um für Hudson zu arbeiten.

Wie ein Alptraum lastete die Erinnerung an den Mönch auf ihm, der bei lebendigem Leibe in der Tempelzelle eingemauert war, um so ein sündenfreies Leben leben zu können. Hudson musste an Mr. Nees Vater denken, der zwanzig lange Jahre »den Weg« gesucht hatte und dann starb, ohne ihn gefunden zu haben. Und je mehr Hudson betete, dass Gott doch Missionare in das Innere Chinas senden möchte, umso mehr fühlte er, dass er selbst etwas tun sollte und musste.

Hudson hatte inzwischen zu allen ihm bekannten Missionsgesellschaften Kontakt aufgenommen und dringend gebeten, Missionare in das Innere von China auszusenden – in jene riesigen Provinzen, in denen Millionen von Menschen noch nie etwas von Jesus gehört hatten. Überall hatte man Hudson teilnahmsvoll angehört, aber überall bekam er auch die gleiche Antwort, dass man leider im Augenblick nichts tun könne.

Aufgrund dieser Erfahrung überlegte Hudson immer wieder, ob er nicht selbst eine Missionsgesellschaft gründen müsste, um mit seinen eigenen Missionaren die Provinzen im Innern von China missionieren zu können. Dieser Gedanke aber war ihm unangenehm und er wollte ihn verdrängen.

Und doch zog ihn die Karte in seinem Studierzimmer immer wieder in ihren Bann. Elf große Provinzen und das geheimnisvolle Tibet waren ohne Missionare. Wenn für jede Provinz wenigstens zwei Missionare zur Verfügung stünden, dann wäre zumindest ein Anfang gemacht.

Hudson sträubte sich innerlich dagegen, Gott um diesen Anfang zu bitten. Er war einfach nicht dazu bereit, eine eigene Missionsgesellschaft zu gründen und Missionare in das Innere von China auszusenden. Er selbst wollte selbstverständlich gern dorthin gehen, aber er wollte keine anderen Menschen dorthin schicken. Das Risiko war ihm einfach zu groß. Woher sollte das viele Geld kommen? Was sollte werden, wenn nicht genug Geld für die Unterhaltung der Missionare zusammenkäme, und sie dann Hunger leiden müssten? Oder was wäre, wenn sich die Chinesen gegen die Missionare feindlich stellen würden und sie vielleicht sogar töteten? Alle möglichen und unmöglichen Gedanken quälten Hudson. Wie entsetzlich wäre es, wenn er sich einmal sagen müsste, dass er die Missionare in den Tod geschickt hatte. Die Verantwortung war ihm einfach zu groß. Deshalb versuchte Hudson den Gedanken, selbst eine Missionsgesellschaft zu gründen, zu verdrängen. Aber es wollte ihm nicht so recht gelingen.

Es war an einem Sonntagmorgen, als sich Hudson endlich dazu durchrang, diesen neuen Auftrag auszuführen. Er ging gerade am Strand in Brighton spazieren. Langsam schlenderte er am Ufer entlang und blickte über die ruhige, sonnenbeschienene See. Man konnte ihm nicht anmerken, in welchem Aufruhr sich sein Inneres befand. Alle seine Bedenken und Ängste standen vor ihm wie ein unüberwindbarer Berg. Wenn er nun wirklich Männer und Frauen in das unerforschte Landesinnere von China schickte, dann war es seine Verantwortung, wenn sie vielleicht dort umkommen würden. Aber andererseits war der Gedanke, Millionen Chinesen ohne Gott sterben zu lassen, genauso schrecklich. Nein, noch viel schrecklicher. Denn wenn seine Missionare, die er aussenden würde, in China umkämen, dann wären sie ja wenigstens sofort bei Gott. Konnte es überhaupt etwas Schöneres geben? Und wenn jeder Missionar vor seinem Tod nur einem einzigen Chinesen aus der Finsternis zum Leben verhelfen würde, dann hätte sich das Opfer schon gelohnt.

Und dann kam ihm noch ein anderer Gedanke. Wenn er eine Missionsgesellschaft für China-Inland gründete, dann doch nur, weil Gott ihn dazu gedrängt hatte. Und wenn Gott diesen Auftrag gab, dann würde er auch alle Verantwortung tragen. Warum nur war Hudson nicht schon früher darauf gekommen? Gott war doch für alles verantwortlich und nicht er, Hudson Taylor! Als ihm das so richtig bewusst wurde, war es, als würde ihm eine Zentnerlast abgenommen.

»O Gott!«, betete er voller Erleichterung. »Ich werfe alle meine Sorgen auf dich, und ich will sie auch in deinen Händen lassen!« Die Last war wirklich verschwunden. Die Ängste um hungernde und sterbende Missionare verfolgten ihn nicht mehr länger. »Ich will dir gehorchen. Auf dein Wort hin will ich handeln . . .«

Also musste und wollte er eine Missionsgesellschaft gründen, denn Gott hatte ihm den Auftrag gegeben, und er wollte gehorsam sein.

Elf Provinzen und Tibet . . . ging es Hudson durch den Sinn. Jeweils zwei Mitarbeiter für jedes Gebiet, das wäre ein Anfang um die gute Nachricht von der Liebe Gottes dorthin zu bringen. Zweimal zwölf sind vierundzwanzig.

Hudson blieb am Strand stehen, schloss die Augen und verharrte so einige Minuten, während das Wasser sanft seine Füße umspielte. Dann nahm er seine Bibel aus der Tasche und machte darin eine Notiz: »Brighton, 25. Juni 1865. Heute habe ich um vierundzwanzig Mitarbeiter für China gebetet.«

Hudson zweifelte nicht mehr daran, dass Gott für alles sorgen würde, auch für die Riesensummen, die er nun jährlich für vierundzwanzig Mitarbeiter benötigen würde. Er vertraute Gott so bedingungslos, dass er fest damit rechnete, dass die Mitarbeiter und auch das erforderliche Geld schon bald zur Verfügung stehen würden. Er wollte deshalb gleich anfangen, alles vorzubereiten.

Sein erster Gang in London führte Hudson zur Bank.

»Ich möchte ein Bankkonto eröffnen«, erklärte er dem Bankangestellten.

»Und wie viel wollen Sie darauf einzahlen?«

»Zehn Pfund.«

»Und auf welchen Namen, bitte?«

»China-Inland-Mission«, antwortete Hudson.

Das war der Anfang seiner Missionsgesellschaft!

11. Ein schlafloser Oberst

Nachdem Hudson die breite Freitreppe einer herrlich gelegenen Villa im vornehmen Westend von London hinaufgestiegen war, läutete er an der Tür. Ein Diener öffnete, und Hudson betrat mutig die elegante Diele, die so gar nicht mit dem engen Flur seiner eigenen Wohnung in Whitechapel zu vergleichen war!

»Die gnädige Frau erwartet Sie schon«, sagte der Diener, während ihm der Butler Hut und Stock abnahm. Dann wurde Hudson in einen Salon geführt, wo die verwitwete Lady Radstock und einige Gäste schon auf ihn warteten.

Es war noch keine Woche vergangen, seit Hudson das Bankkonto für die China-Inland-Mission eröffnet hatte, und er war nicht gefasst auf den Verlauf, den die Dinge jetzt nahmen. Hudson Taylor war nicht gewöhnt, sich in den Kreisen der High Society zu bewegen. Vor seiner Gastgeberin aber, die er tags zuvor in der Kirche kennengelernt hatte, empfand er keine Scheu. Sie wollte gern mehr von China wissen. Und als Hudson von den Millionen Menschen erzählte, die in den riesigen Provinzen von Zentralchina lebten, und dass Gott ihm diese Menschen so »auf die Seele gelegt« hatte, da war nicht nur Lady Radstock an Hudsons Plänen sehr interessiert, sondern auch die anderen noch anwesenden Gäste.

In überraschend kurzer Zeit bekam Hudson Einladungen von namhaften Leuten, und überall sollte er von China erzählen.

Bei einer solchen Gelegenheit begegnete ihm auch ein intelligenter junger Mann, der später die bekannten Dr.-

Barnardo-Heime gründete. Damals war Tom Barnardo erst zwanzig Jahre alt und studierte an dem Theologischen Seminar, zu dem Hudson eingeladen worden war. Nun war Tom ziemlich klein geraten. Als er aber sah, wie schmächtig Hudson Taylor neben seinem großen, stattlichen Seminarlehrer wirkte, da flüsterte Barnardo seinem Nachbarn ins Ohr: »Noch so ein Kleiner, dann habe ich ja auch Chancen!« Tom wollte auch gern nach China gehen. Deshalb kam er im Anschluss an den Vortrag auf Hudson zu und sagte ihm, dass er gern mit ihm zusammenarbeiten möchte. Auf Hudsons Rat hin besuchte er einen Medizinkursus in einem Krankenhaus in London. Dort in London entdeckte er jedoch seine eigentliche Lebensaufgabe, nämlich an den Verlorenen in den Slums zu arbeiten.

Aber Tom Barnardo war nicht der einzige junge Mann, der bereit war, den Chinesen im Inneren ihres Landes die Frohe Botschaft zu bringen. Hudson hatte doch damals am Strand von Brighton um vierundzwanzig Mitarbeiter gebetet, und Gott erhörte dieses Gebet.

Die Tage waren fast zu kurz für Hudson. Er war rastlos und unermüdlich: Er reiste, sprach in Versammlungen; interviewte Leute, die sich seiner Missionsgesellschaft anschließen wollten; und schrieb Berichte über China. Inzwischen hatte Hudson schon acht Missionare in China, die alle später im Inneren des Landes arbeiten wollten. Zu Beginn des Jahres 1866 waren die vierundzwanzig Mitarbeiter vollzählig, denn weitere sechzehn Männer und Frauen wollten mit ihm und Maria so bald wie möglich nach China ausreisen.

Die Ausreise erforderte Geld, viel Geld sogar. Hudson rechnete aus, dass er wohl 10.000 Pfund brauchen würde, um die Überfahrt zu bezahlen. In der ersten Februar-Woche hatte er aber erst etwas mehr als 800 Pfund zusammen. Doch im Mai wollten sie schon ausreisen! Unter den gegebenen Umständen erschien dieser Termin sehr fraglich. Hudson war jedoch zuversichtlich, dass sich alles zum Guten wenden würde. Maria und er beschlossen, täglich um zwölf Uhr mittags eine Gebetsgemeinschaft in ihrem Haus zu haben, in der sie Gott alle Schwierigkeiten ausbreiten und ihn um seine Hilfe und Leitung bitten wollten.

Wieder einmal erfuhr Hudson, wie wirksam das Gebet ist: Innerhalb von fünf Wochen, nachdem sie mit ihrer täglichen Gebetsgemeinschaft begonnen hatten, war das Geld für die Ausreise durch große und kleine Spenden zusammengelegt. Nun war es an der Zeit, ein geeignetes Schiff zu suchen, das achtzehn Erwachsene und vier Kinder nach China bringen würde.

Das erwies sich als ziemlich schwierig. Der April war um. Inzwischen war schon der 1. Mai, und noch immer hatten sie kein Schiff für die Fahrt nach China gefunden. Trotzdem glaubten Hudson und seine Mitarbeiter fest daran, dass die Reise noch im Mai beginnen würde.

Am 2. Mai war Hudson Gast beim Oberst Puget. Dieser bekannte Mann hatte ihn zu einem Vortrag eingeladen. Es war, wie man so schön sagt, ein »gesegnetes Zusammensein«. Die Leute hatten interessiert zugehört, als Hudson von den Millionen von Menschen in China sprach, die noch niemals von Jesus gehört hatten. Es war so still im Raum, dass man eine Nadel hätte zur Erde fallen hören. Oberst Puget, der Initiator des Zusammenseins, war der Meinung, dass man nun auch für China sammeln sollte. Hudson war zwar immer gegen Kollekten, doch der Oberst meinte, an diesem Abend müsse eine Ausnahme gemacht werden. Die Leute seien von dem Vortrag sichtlich bewegt. Zweifellos würden sie großzügig opfern, wenn gesammelt würde. Puget war deshalb sehr erstaunt, als Hudson trotzdem eine Kollekte für die China-Inland-Mission ablehnte.

»Ich glaube, Sie haben einen großen Fehler gemacht«, sagte der Oberst später bei Tisch zu Hudson. »Die Leute waren angesprochen; warum wollten Sie denn auf keinen Fall sammeln?« Dieser enthusiastische junge Missionar war eben ein Fantast! Sein Vorsatz, Gott alle Geldangelegenheiten zu überlassen, war zwar großartig, aber sich zu weigern, bei solch einem Interesse für seine Arbeit um Geld zu bitten, das war doch einfach kurzsichtig.

Die Angelegenheit beschäftigte Oberst Puget noch spät am Abend, als er schon im Bett lag. Eigenartig, er konnte einfach nicht einschlafen. Als er sich unruhig von einer Seite auf die andere wälzte, wanderten seine Gedanken noch einmal zurück zu dem Vortrag von Hudson. Er hatte so ergreifend von den Chinesen gesprochen, die sterben mussten, ohne von Jesus gehört zu haben. »Jede Stunde sterben tausend Chinesen, ohne etwas von der Rettung durch Jesus Christus zu wissen ...« Jede Stunde tausend ... Jede Stunde tausend ... Dieser Gedanke bohrte sich in sein Herz. Er dachte schon lange nicht mehr an die leider verpasste Gelegenheit für eine einträgliche Kollekte, sondern sah in seinem Inneren einen breiten Strom von Chinesen, der an ihm vorüberzog und sich dann in hoffnungslosem Dunkel verlor. – Es musste etwas getan werden. Sie müssen es hören, dass es einen Retter gibt! Er dachte an Hudson und seine Mitarbeiter. Diese jungen Menschen waren bereit, ihr Leben dafür einzusetzen. Sie sahen nur noch eins, nämlich ihren Auftrag in dem großen östlichen Reich.

»Was aber kann *ich* denn tun?«, fragte sich der nicht mehr junge Oberst. »Ich bin doch zu alt um selbst nach China zu gehen.« Seine Gedanken wurden zu einem Gebet. »Herr«, betete er aufrichtig, »kann ich denn gar nichts tun?« Da musste er wieder an die verpasste Kollekte denken, und an den Betrag, den er gegeben hätte. Irgendwie erschien ihm die Summe jetzt lächerlich klein. Und dann betete der Oberst ganz konkret: »Herr, was soll ich tun?«

Nach langer Zeit schlief er endlich ein – zuvor aber hatte er von Gott noch eine Antwort auf sein Gebet bekommen.

Am folgenden Morgen erhielt Hudson einen Brief von einer Schifffahrtsgesellschaft Da der Oberst noch nicht zum Frühstück erschienen war, konnte Hudson die Zeit nutzen und den Brief sofort zu lesen. Die Schifffahrtsgesellschaft bot ihm ihre »Lammermuir« für die Fahrt nach China an. Das Schiff könnte mit allen zur Verfügung stehenden Kabinen ausschließlich für die Missionare reserviert werden. Genau das war es, wovon sie träumten. Wie aber sah es mit den Kosten aus? Leider war dieser »Traum« einfach zu kostspielig. Der Preis für die »Lammermuir« war für Hudson und seine Freunde unerschwinglich.

Inzwischen war auch der Oberst erschienen. Er entschuldigte sich für die Verspätung. Er habe eine schlechte Nacht gehabt. Nach dem Frühstück bat er Hudson zu einem Gespräch in das Herrenzimmer.

»Gestern fand ich es unklug und töricht von Ihnen, sich gegen eine Kollekte zu wehren«, begann er. »Aber heute sehe ich die Dinge anders. In der letzten Nacht konnte ich keine Ruhe finden. Fortwährend zogen an meinem inneren Auge Tausende von Chinesen vorbei, die dann im Dunkel verschwanden. Ich konnte nur beten: Herr, was willst du, das ich tun soll? Spät in der Nacht bekam ich eine Ant-

90

wort, und ich glaube, dass ich sie richtig verstanden habe!«

Nach diesen Worten überreichte der Oberst Hudson einen Scheck. »Hätten Sie gestern gesammelt, dann hätte ich nur fünf Pfund gegeben. Dieser Scheck aber ist das Ergebnis einer langen Gebetsnacht!« Verwundert blickte Hudson auf das Stück Papier in seiner Hand. Der Scheck lautete nicht über fünf, sondern über fünftausend Pfund.

Nun konnten sie sich die »Lammermuir« doch leisten. Dieser unerwartete Scheck, den Hudson unmittelbar nach dem Angebot der Schifffahrtsgesellschaft erhielt, war für ihn ein eindeutiger Hinweis Gottes, dass die »Lammermuir« genau das richtige Schiff war.

Einen knappen Monat später begann die Fahrt nach China. Hudson lehnte über der Reling an Bord der »Lammermuir« und blickte aufs Meer. Er ahnte nicht, welche Bedeutung die China-Inland-Mission einmal bekommen würde. Er konnte auch noch nicht wissen, dass nun fast achtzig Jahre lang ständig neue Männer und Frauen diesen ersten Pioniermissionaren in das riesige Zentralchina folgen würden, um Menschen wie Mr. Nee, dem Korbmacher Wang und dem Bauern Wang aus O-zi die frohe Botschaft von Jesus zu bringen . . .

Noch war kein Jahr vergangen, seit er Gott um vierundzwanzig Mitarbeiter gebeten hatte. Wie hatten sich doch die Ereignisse in der zurückliegenden Zeit überschlagen! Es sah so aus, als hätte Gott nur auf Hudsons Bereitschaft, auf sein Ja zu einer eigenen Missionsgesellschaft, gewartet. Denn, nachdem er willig war, durfte er erleben, dass Gott schon alles vorbereitet hatte.

Als Hudson das erste Mal als einsamer junger Mann von zwanzig Jahren auf dem Wege nach China war, da war er sich seiner Aufgabe nur nebelhaft und verschwommen bewusst. »Geh für mich nach China!« Diesen Auftrag hatte er gehört, und er war gehorsam gefolgt. Dieses Mal aber, im Alter von dreiunddreißig Jahren, wusste er genauer, wie seine Aufgabe aussehen würde. Er sollte seine Mitarbeiter in das Herz Chinas entsenden und von dort aus die Liebe Gottes in diesem ganzen riesigen Reich verkündigen lassen.

Dass Schwierigkeiten, Gefahren, Nöte und auch Leid vor ihm liegen würden, war Hudson klar. Es war keine bequeme, leichte Aufgabe, zu der er berufen war, sondern ein Aufbruch, der ihn mit jeder Faser seines Lebens forderte.

Und dennoch, er fürchtete sich nicht. Von ihm wurde nur Gehorsam und Vertrauen zu Gott, seinem Vater, gefordert. Christus war der Führer – nicht er –, und diesem Führer wollte er bis zum Letzten folgen.

Als Hudson dort über der Reling der »Lammermuir« lehnte, die sich sicher und bestimmt den Weg durch die Wellen bahnte, da war er überglücklich und ganz erfüllt von seinem Ziel, seiner Bestimmung und seiner Lebensaufgabe.

12. Vierzig Jahre später

Vierzig Jahre waren inzwischen seit jenem Sonntag vergangen, an dem Hudson am Strand von Brighton endlich das Ja zu einer eigenen Missionsgesellschaft gefunden hatte.

Hudson Taylor war ein alter Mann geworden. Er war gerade Gast in der zuletzt aufgebauten Missionsstation, in »Südlich des Sees«. »Südlich des Sees« war die letzte der elf Provinzen, zu der die Missionare endlich Zugang bekommen hatten. In »Vierstromland«, »Nördlich des Sees«, »Südlich des Flusses«, »Westlich der Berge«, »Südlich der Wolken« – in diesen Provinzen waren überall schon Missionsstationen aufgebaut worden; nur die feindlich gesinnten Beherrscher der dicht besiedelten Provinz »Südlich des Sees« hatten sich bis zuletzt geweigert, den Ausländern mit ihrer Jesus-Religion Einlass zu gewähren. Mehr als dreißig Jahre lang hatte Hudson darum gebetet, dass sich auch diese Tür öffnen möge, und nun waren hier Mitarbeiter der China-Inland-Mission am Werk.

Hudson blickte aus dem Fenster hinweg über die Dächer der Stadt zum fernen Horizont. Seine Gedanken waren unwillkürlich in die Vergangenheit zurückgewandert. Er lächelte und sagte dann zu dem jungen Missionar, der neben ihm saß:

»Ist es nicht ein wunderbares Vorrecht, dass wir Gott alles, was uns beschäftigt, im Gebet sagen können?« Das war eine der Tatsachen, die Hudson immer wieder faszinierten. Gott hatte so oft und so eindeutig auf seine Gebete geantwortet. Vor vielen, vielen Jahren hatte er Gott um vierundzwanzig Mitarbeiter gebeten. Später betete Hudson Taylor um weitere Missionare, und Gott berief sie. Immer kühner wurden seine Gebete. Er bat um siebzig, dann um hundert Missionare, und jetzt gehörten seiner Missions-Gesellschaft mehr als achthundert Mitarbeiter an. Die Stationen der China-Inland-Mission waren über das ganze riesige China verteilt. Es gab nicht mehr eine einzige Provinz, in der Jesus noch nicht verkündigt worden war. Freilich, die Hindernisse und Schwierigkeiten der zurückliegenden Jahrzehnte waren zahlreich und groß; aber früher oder später waren sie alle überwunden worden. Auch jetzt gab es noch Schwierigkeiten, aber Hudson wusste, dass er alle Nöte und deren Lösung Gott überlassen durfte und musste.

»Wirklich, ein wunderbares Vorrecht, dass wir alles Gott im Gebet sagen dürfen . . .«

»Ja . . .«, entgegnete der junge Mann, der dem alten Missionar gegenübersaß, langsam. »Manchmal denke ich zwar, dass man nicht mit allem zu Gott kommen kann. Mit den großen Dingen schon, aber mir kommt manches oft zu belanglos, zu klein vor, um Gott damit zu belästigen . . .«

Der weißhaarige, untersetzte Hudson Taylor war überrascht. »Ich wüsste überhaupt nicht, was zu klein wäre«, antwortete er. Gerade die kleinen Dinge in Hudsons Leben hatten zu den großen Erlebnissen geführt. Der Nadelstich, damals vor fünfzig Jahren, war so winzig klein, dass er ihm überhaupt keine Bedeutung beigemessen hatte – und doch hätte er ihn bald das Leben gekostet. War nicht auch der chinesische Zopf an sich kaum der Rede wert? Doch was hatte es damals für einen Wirbel gegeben, als ihn Hudson als erster und einziger Missionar um seiner Arbeit willen trug! – Eins seiner kürzesten Gebete war das am Strand von Brighton gewesen, als er um vierundzwanzig Mitarbeiter bat. War nicht gerade jenes kurze Gebet das Fundament für

94

die China-Inland-Mission gewesen? Wer kann überhaupt beurteilen, was groß und was klein ist?

»Es gibt nichts, was klein und unbedeutend, und auch nichts, was groß und wichtig ist«, sagte Hudson nach einer kurzen Pause. »Allein Gott ist wirklich groß!« Und dann fügte er in einem Satz das Ergebnis seiner ganzen Lebenserfahrung hinzu: »Wir sollten Gott in allen Dingen vertrauen!«

An diesem Abend zog sich Hudson früh zurück, weil er sehr müde war. Hinter ihm lag ein froher, glücklicher Tag. Am Morgen hatte er in der Kapelle zu den chinesischen Christen gesprochen – zu Männern und Frauen aus »Südlich des Sees«. Sie hatten die Wahrheit gefunden. Am Nachmittag hatte ein fröhliches Teetrinken im Garten der Mission stattgefunden, zu dem alle anderen Missionare aus der Provinz eingeladen worden waren, und alle hatten sich über das Zusammensein mit Hudson gefreut. Er selbst war an diesem Tage wohl am glücklichsten. Nun aber war er müde und wollte deshalb lieber nicht am gemeinsamen Abendessen teilnehmen.

»Wir werden Ihnen das Abendessen ans Bett bringen«, sagte ein Mitarbeiter. Hudson ging in sein Zimmer. Die Dämmerung lag schon über der Stadt. Die Silhouette der entfernten Berge schwand langsam dahin in der zunehmenden Dunkelheit, und am Himmel erschienen die ersten Sterne. Es war sehr still. Nach einiger Zeit waren leichte Schritte auf der Treppe zu hören, und ein Mitarbeiter kam mit dem Abendessen in Hudsons Zimmer. Der junge Mann blickte auf den alten Missionar im Bett. Da packte ihn Schrecken und Entsetzen. Er rannte die Treppe hinunter.

»Schnell, ganz schnell, der Arzt muss kommen!« Der Arzt kam unverzüglich. Als er aber das glückliche, friedvolle Gesicht auf dem Kissen sah, wusste er, dass er hier nicht mehr gebraucht wurde.

»Verehrter Pastor, verehrter Pastor«, flüsterte der junge chinesische Evangelist immer wieder, während er sich über die leblose Gestalt auf dem Bett beugte. Er war gerade von einer Außenstation angekommen, um den berühmten alten Pioniermissionar kennen zu lernen, von dem er schon soviel gehört hatte. Und er musste einfach zu diesem Mann sprechen, auch wenn dieser seine Worte nicht mehr hören konnte:

»Verehrter Pastor, wir lieben und schätzen Sie sehr. Ich bin heute extra hierher gekommen, um Sie zu sehen. Ich habe mich so danach gesehnt, Sie einmal zu sehen. Wir alle sind Ihre Kinder. Verehrter Pastor! Sie haben uns den Weg gezeigt, den Weg zum Himmel. Sie haben uns so geliebt und aus Liebe jahrelang für uns gebetet. Heute wollte ich Sie kennen lernen. Sie sehen glücklich aus! Sie lächeln! Ihr Gesicht ist gelöst und voller Frieden. Sie können nun nicht mehr mit uns sprechen. Wir möchten Sie auch nicht mehr zurückrufen, aber wir möchten Ihnen folgen. Wir werden uns wiedersehen, verehrter Pastor . . .«

Als eine chinesische Frau Hudson sah, füllten sich ihre Augen mit Tränen, und doch war ein Lächeln auf ihrem Gesicht: »Zehntausendmal zehntausend Engel werden ihn empfangen haben!«

Ja, jetzt war Hudson bei seinem Herrn, den er mehr als alles andere auf der Welt geliebt hatte, und der vor langer Zeit zu ihm gesagt hatte: »Geh für mich nach China!« Doch nun würde Gott zu ihm sagen: »Du getreuer Knecht, gehe ein zu deines Herrn Freude!«

Ja, Hudson Taylor war wirklich am Ziel.